人

邪気を陽気に変える魔法の言葉

宮本真由美
Mayumi MIYAMOTO

KADOKAWA

はじめに

累計納税額・前人未到の173億円という日本一の大富豪、斎藤一人さん。そのものすごい人がわたしのお師匠さんです。

一人さんには10人の直弟子がいます。その末っ子がわたし、宮本真由美です。

もとは保険会社に勤める普通の事務系ＯＬでした。お金無し・知識無し・才能無しの３無しＯＬ。

そのわたしが、こんなふうに本を出せるなんて奇跡です！

この人生を想い通りにする生き方や考え方。しあわせで、豊かで、楽しく生きる方法。それを叶えてしまうのは、一人さんから授かったたくさんの魔法の言葉のおかげさまです。

そのすべてを、みなさんに〝お福分け〟したい！　そう思って、本や講演会、そしてＹｏｕＴｕｂｅ「まゆみのなんとかなるチャンネル」でも発信するようになりました。

毎日、いろんなことがあります。悩んだり、心配したり。誰にでも日常的にネガティブなことは起きます。わたしにも毎日いろんなことが起きます。

けれど、ここで大切なのは、あなたの見方や考え方を変えること。

すると、あなたから出るエネルギーが変わります。**マイナスのエネルギーである〝邪気〟が〝陽気〟に変わっちゃうんです。**

あなたが出すエネルギーが変わると、次に起きることがプラスに変わってきます。その連続で、未来は驚くほどどんどん変わります。

これを〝引き寄せ〟と言います。

そうすると、あなたが周りの人に与える影響もどんどん変わります。

あなたが笑うと、目の前の人も笑う。二人が笑っていると、だんだん周りの人もみんな笑う。そうやって、あなたから発信した笑いの渦がどんどん大きくなっていきます。

それが日本中に広がり、世界に広がる！

これこそが、とても素晴らしい地球への貢献になる！　そうわたしは信じています。


そんなふうに、ものの見方や考え方をちょっと変えて、邪気を陽気に変えてしまう〝魔法の言葉〟を集めたのが、この本です。

人生に奇跡を起こす〝魔法の1冊〟だとわたしは思っています！

きっとあなたにとって、人生のお守りのような本になりますよ。


一人さんの教えは「自分を変えなさい」というものではありません。

「あなたのもともと持っているものをもっと素直に出そうよ」という愛のあるメッセージです。

そもそも、人ってそんなに急には変われません。それに、本当は別に変わらなくってもいいんです。だって、その人それぞれに良さがあって、その良さが人それぞれ違うだけですから。

あなたがあなた自身の素晴らしさに、あらためて気づいてほしい。あなたの素晴らしさを、もっと輝かせてほしい。すでにあなたが持っている「愛と光」、そのものの輝きを放ってほしい。そういう想いで、この本をまとめていきました。

そうなんです。変えるのは、あなた自身じゃない。

変えるのは、あなたのちょっとした〝ものの見方や考え方〟。そのための〝言葉〟です。

魔法の言葉で、あなたの人生にいらない邪気を、ぜーんぶ陽気に変えていきましょう！

まず、第1章で、「陽気の正体」を知っていきましょう。

簡単に言うと、陽気とは〝陽の気〟、明るいエネルギーです。エネルギーは、波動とか振動数とか、オーラという言い方もしますが、その**陽気をググッと高めて輝かせる方法**が、この章にギュッと詰め込まれています。

第2章では「邪気」について知っていきましょう。怖がらなくても全然だいじょうぶですよ。邪気は自分で簡単に祓えますから。

むしろ、**邪気を知ると、そこからますますよくなるいい見方や考え方に気がつけます**。一人さんの言う〝上気元《じょうきげん》〟、字の通り〝自分の元の気〟が最上級！　という状態になっちゃいますよ！

でもだからと言って無理は禁物です。無理やり陽気にふるまったり、元気でいなくちゃいけないと思ったり、そんなふうに考える必要は全くありません。**悩んだり、心配になったり、そんなときにも、ちゃん**

とあなたの心に明かりを見つけることはできます。そんな大安心できる内容を、第3章にまとめました。

第4章はすごいです！　**一人さんから教えてもらった魔法の言葉の中でも、わたしが大好きな言葉、ベストセレクション**です。

なるべくたくさんの感覚を使って、言葉の波動があなたに届くように、文字だけではなく、音声で聴けるQRコードや、わたしが描き下ろしたイラストもおつけしました。

読んで、聴いて、見て、波動がどんどん上がる！　これであなたは間違いなく、もう無敵です！

一人さんはいつも、こんなステキなことを言っています。

「みんなね、オレの言葉に救われたって言ってくれるんだけど、違うんだよ。オレの言葉を見つけてくれたのはあなた自身だよ。そしてオレの言葉があなたの魂に響いて、あなたが行動したんだ。だから本当にすごいのはあなただよ」

本当に本当にその通りです。

あなたは本当にすごい人！

この本を見つけてくれたあなたはものすごい人！

この本の中にある〝魔法の言葉〟との出逢いで、あなたの毎日は「楽しかった！　今日も最高の1日だった！」と言える素敵な毎日になりますよ！

あなたに心から愛と感謝と笑顔を込めて、愛のエールを贈ります！

宮本真由美

Contents

第2章

邪気を祓《はら》って上気元になる法

第3章

真っ暗闇でも明かりを見つけてしあわせに！

第4章

上気元になって波動が上がる言葉

習慣にしたい波動が上がる言葉

第 1 章

波動を上げて明るいエネルギーを出す

1人ひとり違う波動を持っている

木も水も土も石も、わたしたち人間も、この世に存在するすべてのものはどんどん小さくしていくと、最後の最後には振動している波になります。

それこそが〝波動〟の正体です。つまりこの世に存在するすべてのものは、波動からできあがっているんです。

ものだけでなく、わたしたち人間も、1人ひとりみんなそれぞれ見た目が違いますよね？

それは、**みんな1人ひとり持っている波動が違う**からです。

それぞれ違った波動を持っていると聞くと、「だから人生って不公平なんだな」と思ってしまうかもしれません。

第1章 波動を上げて明るいエネルギーを出す

たとえば、親がお金持ちで生まれたときから裕福だとか、もともと頭が良いとか、運動神経がとってもいいとか、顔やスタイルがいいとか。ついつい自分と比べて、うらやましく思ったり不公平だなって感じてしまうのかもしれません。

ところが、こうした不公平って、実は実は、神さまからの最高のプレゼントなんです。

一見、イヤなことにしか見えないかもしれません。

でも、この不公平に見えることの中に、神さまからの大切なメッセージが込められています。

どんなメッセージかというと、

「あなたは今世、しあわせになるために生まれてきたんだよ。

つまり、しあわせになるという修行をしに、この地球に生まれてきたんだ。
あなたがしあわせの修行をするために、一番ピッタリの個性や環境をあなたにプレゼントしたよ」

ということなんです。

たとえば、お金持ちになりたければ、うんと自分に磨きをかけて玉の輿に乗るのもありです。自分の得意なことを磨いて商売して稼ぐのもありです。自分の才能を伸ばして会社で出世するのもありです。お金持ちになるためにどうしたらいいのかを一生懸命考えて行動しますよね。

それこそが、あなたのしあわせの修行なんです。

神さまが望んでいるのは、あなたが今回の人生で持って生まれた〝あなたの個性や環境〟をフルに活かして、あなたがしあわせになることなんです。

だから今、不公平とあなたが感じていることは、あなたにとっての最高の武器なんです。

その不公平に感じることを今日からは、

「わたしってスゴイな！　こんなに神さまから期待されているんだ！

本当にスゴイ！」

と、まず口に出して言ってみてください。

不思議なことにそう言っていると、本当にしあわせを感じるようになってきます。そうしたらしめたもので、今まで不公平だと思っていたことすべてがプラスに活かされていきます。

これこそがあなたがしあわせの道を行く魔法です。

この想いこそが、波動を上げていく生き方の大基本です。

あなたは神さまの期待の一番星ですよ！

波動を上げて心と身体の不調とさようなら

ちょっとだけムズカしい話をしますね。

でもこれって知っておくとかなりお得です（笑）。

さらに波動を知るうえでとっても大切なお話です。


いろいろなモノの最小単位は原子です。

その原子の中身は原子核と電子があります。

ところがなんと！　原子からその2つを取り除いた99・999％が〝無〟なんだそうです。

つまり、すべてのモノはほとんど〝無〟であり、人間の体で言うと、この〝無〟の部分を除くと、たった角砂糖1個分しかないんです。

じゃあ、わたしたちの体の99・999％の〝無〟とはナニ？

そうなりますよね（笑）。

そうなんです。それこそが波動です。

だから、**わたしたちの体の99・999％は波動というエネルギーでできているということは、科学でも証明されている**んです。

この波動エネルギーが下がるとどうなるか。

電圧が下がるといろんな電子機器も故障したり動かなくなったりします。それと同じで、わたしたち人間も〝波動エネルギー〟という圧力が下がると、心や身体のいろいろなトラブルとして出てきます。

わたしたちがストレスで体調を崩したりするときって、自分が持っている〝波動エネルギー〟よりも、外からのいろいろな〝マイナスエネルギー〟の圧のほうが勝ってしまっているだけなんです。

ペットボトルをイメージしてみてください。

まだ開けてないペットボトルをお風呂の水の底に沈めても、ペットボトルは潰れません。

ペットボトルはお風呂ごときの水圧にはやられません。

でも、このペットボトルを深い深～い海の底まで沈めるとどうなるでしょう？　そうです。クシャッと潰れちゃいますね。

どんどん水深が深くなると水圧が高くなって、ペットボトルが外からの圧力に負けちゃうんです。


わたしたちも毎日毎日、いろんな出来事が起きます。

ストレスやマイナスに感じるようなこともあるかもしれません。

でもご安心くださいませ！

あなたはペットボトルのようにはなりませんよ。


「人間って本当にスゴイんだよ。

人間だけが波動を変えることができるんだよ」

第1章
波動を上げて明るいエネルギーを出す

この言葉は一人さんが教えてくれたわたしの大好きな言葉です。

だからあなたは絶対だいじょうぶ。

この本から〝陽気な波動〟を知れば、あなたはいつでもどんなときでもどんなことにも負けない最高の波動エネルギーでいられますよ！

ホメればホメるほど波動が上がる

東洋医学で言うところの〝気〟とは波動のことです。

だから日本語でも、〝気力〟〝気合〟〝気心〟〝気持ち〟〝気分〟のように〝気〟がつく言葉はたくさんあります。

さらに〝気力が満ちてる〟とか〝気分がいい〟とか、そんなときは自分の中の波動がとっても高くなってる証拠です。

こういうときは自分の波動エネルギーの圧が満タンですから、外からちょっとやそっとストレスがかかろうがビクともしません。


病気もいっしょです。

「病は気から」と言いますが本当です。

まずは常日頃から、病気に対して負けないような〝元気〟という気でいることが大切です。

「弱り目に祟《たた》り目」という言葉がありますが、自分の波動が下がると、ペットボトルがペコッとヘコむように、本当に病気になっちゃいます。

だから、気の持ち方って本当にすごく大切です。


じゃあ実際、「どんな気の持ち方をしていたら波動が上がるんだろう？」「どうしたら自分の心の圧が高まって、外からのストレスに負けないでいられるんだろう？」と思いますよね？

その答えはものすごーく簡単です！


自分をホメればいいんです。


人はダレでもホメられるとうれしくなります。ゴキゲンになります。

ホメられてうれしくない人っていません。

一般的に、自己重要感が高くて、自分のことが大好きという人は波動が高いです。

逆に、自己重要感が低くて、自分のことがキライという人は波動が低くなってしまいます。

簡単に言うと、自分に対してマイナスの感情を抱いたまま、自分の波動を上げることは絶対にできないんです。

そんなときに大切なのが、「自分をホメる」。

わたしたちはダレでも周りからホメられるといい気分になり、波動が上がるようになっています。

いつもタイミングよく周りからホメられたら最高ですね（笑）。でも、なかなかそううまくはいきませんね。

だからこそ、いいときも、悪いときも、どんなときも、いつも自分をホメることをクセにしてください。

自分で自分をホメてホメまくっていたら、波動はいつもアゲアゲですから、ストレスに負けるワケがありません。

どんなときも自分をホメてあげて、いい意味で自分を調子に乗せていきましょう！


人はダレでも「愛と光」の存在です。

だから、あなたには愛があり、明るい光があるんです。

だけど、たまにその愛をうっかり見失ってしまうことがあります。

そんなときが、あなたがちょっぴり苦しくなったり悩んだりして波動が下がってしまうときです。

そもそも持っている愛と光を忘れちゃったら、それは波動が下がりますよね?!


そのあなたの持っている愛をいつも見失わないためにすること。それが「自分をホメる」。

どんなときもまず、自分をホメて、自分を愛でいっぱいにしてあげる。

そして、自分が愛でいっぱいになると、不思議なくらい自然と、自分の目の前の人のこともホメて、周りの人のこともホメられるようになっています。そのときあなたは、愛であふれたステキな人になっています。

そうやって最初に「自分をホメる」という、このことを大切にしていくと、あなたから出る波動が周りに伝わり、どんどん広がっていき、地域に広まり、社会に広まり、日本に広まり、すべての波動が上がるんです。

あなたの出す〝愛と光〟の波動こそが、最高の社会貢献でボランティアです！　世界がもっともっと素敵になるのは〝あなたのホメホメ波動〟からですよ！

第1章
波動を上げて明るいエネルギーを出す

コレさえやれば イヤな流れはリセットされる

いったん、下がってしまった波動。イヤですね。なんだかナニをやっても、なかなかそこから抜けだせない。そんな気分にハマってしまいそうです。

そんなときはまず、やることは1つ！

イヤな波動の流れをリセット。

そうなんですが、すぐにできればいいけれど、「どうやってリセットすればいいかわからない！」

そんな方が多いんじゃないでしょうか。

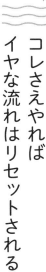

瞑想はいいですね！　瞑想をおススメする人もいますが、ところが実は、わたし自身、瞑想がめちゃくちゃ苦手です（笑）。というか、「瞑想」をすると「ねぃそう」になって、「寝そう」になって、知らないうちに寝ちゃってます（笑）。

わたしのようにすぐに寝ちゃえる人はまだいいです。ところが、イライラがたまり過ぎてたり、イヤなことをため過ぎていたりすると、寝ることさえできない人もいます。

じゃあ、どうすればいいのかというと、**波動の上がる言葉を何回も言えばいいんです**。

なぜ何回も言うのかというと、何回も言っていると無心になれるからです。そもそも言葉を言うことに集中していると、その瞬間イヤなことを忘れちゃっているんです。

「南無妙法蓮華経、南無妙法蓮華経……」とお題目を唱えるのも実は同じなんだそうです。ただただ唱えることに集中していると、その結果、その言葉に集中して無心になれるんです。

では、どんな言葉を言えば波動が上がるのか。

第4章にもわたしの大好きな波動が上がる言葉をまとめていますが、「今すぐ、知りたい！」という方のために、**「イヤな波動の流れをリセットし、すぐに運気が上がる言葉の七福神さま」**を教えちゃいます！

これが言葉の七福神さまです。

一福神「まあ、いいか」
二福神「なんとかなる」
三福神「だいじょうぶ」
四福神「ツイてる」
五福神「ありがとう」
六福神「しあわせ」

七福神「ふわふわ」

どんなふうに、この「言葉の七福神さま」を活用すればいいかをご伝授いたしますね。

イライラしているときや、気分がプラスに向かないときは、その感情をどうにか変えようとしても、なかなかうまくいきません。

「ツイてる」って思ったほうがいいのはわかっていても、気持ちがそれに伴わないうえに、言うのさえためらわれるときってありますよね。

そんなときはまず、「まあ、いいか」を何度もつぶやいてみる。

そして次は「なんとかなる」を何度も言ってみる。

さらに次は「だいじょうぶ」を何度も言ってみるんです。

ここまでの3つの言葉までくればしめたものです（笑）。

相当マイナスだった波動からプラスのほうにあなたの心の振り子は動いてます！

次の「ツイてる」を何度も言っているうちに「そうか、わたしはツイてるんだ」と勝手にツイてることを脳が探し出します。

そうすると次の「ありがとう」を言っているうちに「本当にありがたいなぁ」と不思議と思えてきちゃいます。

そうなるといよいよ、「しあわせ」という言葉を口にするたびに、しあわせ気分になってきます。

ラストの「ふわふわ」という言葉で、あなたの心もふわふわ軽くなって「あっかる〜い（あっ！軽〜い）」気持ちになります。

これこそが下がっていた重い波動がリセットされて、あなたの波動が上がったってことですよ！

イヤな波動のリセットは「言葉の七福神さま」におまかせ！

いつでも七福神さまはあなたの味方ですよ♪

波動が高い人の《声》には5つの特徴がある

わたしが知る限り、この世界で一番波動が高い人は一人さんです。

そしてやっぱり、一人さんの〝声〟って、波動が高い人の5つの特徴にバッチリと当てはまっています。

一人さんのファンの方たちからは、「一人さんのYouTubeを聞いていると、不安だった気持ちがスゥーッと消えちゃうんです」「聞きながら寝るとグッスリ眠れるんです」「一人さんの声を聞いてるだけで安心しちゃう」、そんな話をたくさん耳にします。

わたしたち人間の五感の中で、なんと言っても波動を感じられるのは〝聴覚〟です。それはなぜかと言うと、わたしたちの〝声〟そのものが〝波動〟だからです。

だってわかりますか？　目で読む文字と違って、〝声〟になった言葉って見えないですよね？　見えないけれど、文字以上のことまで声で伝わってくることもあります。

そうなんです。わたしたちの耳に言葉という波動が届いているからなんです。

だから〝声〟は波動であり、波動が高い人の出す声にはちゃーんと5つの特徴があるんです。

その特徴の1つ目は、「**気持ちがいい**」ということ。

波動の高い人は愛にあふれています。だから、聞くと、すごく気持ちがよくなります。

2つ目は、「**すんなり聞ける**」ということ。

波動の高い人はやさしさがあります。だから、言っていることは同じような内容であっても、なぜかすんなりと心に入ってきます。

3つ目は、「心に響く」ということ。

波動の高い人は思いやりがあります。だから、耳で聞いている声が、なぜかあなたの胸に響き、自然と腑《ふ》に落ちます。

4つ目は、「安心する」ということ。

波動の高い人は包み込む大きさがあります。だから、言っている内容に関係なく、波動の高い人の声は聞くだけで不思議な安心感があります。

そして5つ目は、「楽しくなる」ということ。

波動の高い人は楽しいエネルギーにあふれています。

だから、普通の会話をしているだけでも、それが伝染して、不思議なくらい楽しい気分になります。

たった2つのことであなたは波動の高い人の声になる

いきなり一人さんと同じ波動になりたいからと言って、一人さんの声マネをしてもダメですよ（笑）。

ちゃんとあなたにはあなたのステキな声があります。

あなたはあなたの声を使って、波動の高い人になってください。

それには、この2つのことをやればOKです。

まず1つ目は、「いい言葉を口にする」です。

一人さんに教わった「天国言葉」には、「愛してます」「ツイてる」「うれしい」「楽しい」「感謝してます」「しあわせ」「ありがとう」「ゆるします」というものがあります。

口に出すと、自分も気分がいいし、周りの人も気分がよくなるキレイな言葉のことを言います。
「おいしいね」「ステキだね」「カッコイイね」そんな言葉もモチロン天国言葉です。

これに対して、言うだけで波動をめちゃくちゃ下げる怖〜〜い言葉があります。

「恐れている」「ツイてない」「不平・不満」「グチ・泣き言」「悪口・文句」「心配ごと」「ゆるせない」。これは「地獄言葉」と言います。

なんとオソロシイことに、自分の波動をめちゃくちゃ下げるだけでなく、聞いている人の波動もめちゃくちゃ下げてしまうんです。

いい言葉を口にするって自分のためでもあり、相手のためにもなるんです。なによりも、波動の高い人が、そのお口から地獄のような言葉を出すわけがありませんからね(笑)。

そして2つ目は、「笑顔で話す」ことです。

「ありがとう」という言葉でも、不機嫌な顔で言われたらイヤイヤ言っているみたいですよね。

不機嫌でブスッとした顔から出る声と、ゴキゲンな笑顔から出る声では、出る波動は天と地ほど、全く違います。

笑顔は波動の高い人の声に変換する魔法のスイッチです。

「いい言葉を口にする」と「笑顔で話す」。

この、たった2つです！

この簡単な2つのことをするだけで、あなたの声の波動はうんと高くなります。モチロン変わるのはあなたの声の波動だけでなく、あなたに起きる出来事もどんどん好転します。

あなたの毎日を、いい言葉のバイブレーションに乗せて、笑顔いっぱいでいきましょう。どうなるかって？

あなたにたくさんのいいことがやってきますよ！

お金はあなたの波動に敏感なイキモノ

みなさんお金さん大好きですよね。わたしも大好きです。知っておいてほしいのは、お金さんはあなたの波動にめちゃくちゃ敏感だということです。

あなたが、今よりもお金持ちになりたいと思っているのなら、なにより大切なのは波動です。

まずは〝**お金持ち波動の人が嫌う波動を出さない**〟。このことが重要です！

その波動とはズバリ「**貧乏波動**」です。

その貧乏波動とピタッと波動が合って「類友」になってしまう要注意ポイントが３つあります。

まず、貧乏波動になってしまう要注意ポイントの1つ目は、「不足を言う」ことです。

持っていないものやできないことばかりに目を向けて「あれもない」「これもない」と嘆いているって、豊かな気持ちじゃないですよね。それが貧乏波動なんです。


そして2つ目は「人のものをムヤミに欲しがる」ことです。

よく、人の持っているものを見て「いいなぁ。それちょうだい」って言う人がいます。このことについて、わたしは、あるとき一人さんからビックリすることを教わりました。

「なんでもかんでも『ちょうだい、ちょうだい』ってクセで言っちゃう人いるよね。

本人は悪気もないし軽い気持ちや冗談のつもりかもしれないんだけど、**『ちょうだい』って『タダでください』ってことだよね。その言**

葉から出る波動が〝貧乏波動〟なんだよ」

これを聞いて本当にわたしはビックリして「ちょうだい」は冗談でも言うのをやめました（笑）。

最後の3つ目は、「いいなぁ、いいなぁ」という嫉妬やねたみの言葉です。

人のことをうらやんでばかりいるってことは「あの人のほうがわたしより上だ」みたいに勝手に決めつけていることです。そんな考え方は自分にマイナスのエネルギーです。

モチロン、嫉妬したりねたんだりしているエネルギーは貧乏波動です。

「今ココ」からお金持ち波動に変わる方法

「今まで〝貧乏波動〟やっちゃってたなぁ」「でも、どうしたらいいの」と思ってしまったとしてもだいじょうぶ！

今日ここで気づけたあなたは超ラッキーです。

3つの貧乏波動を逆手にとって、お金持ち波動に切り替えればいいんです。

1つ目の「不足を言う」。

これは〝ないもの〟に焦点を当ててるのが貧しい波動です。

ここでお金持ち波動に変換！

あなたの今〝あるもの〟に焦点を当てましょう。

お金なら「たったこれだけしかない」よりも、「これだけある！

ありがたいなぁ」です。

コップのお水も「もうこれだけしかない」と言う人と「まだこれだけある」と言う人では、今この瞬間の心の豊かさもしあわせ度も全然違います。

不足ばっかり言うのは、さびしくて暗い貧しいエネルギー。そもそも不足を言っても、悪くなることはあってもよくなることは絶対ありません。それなら、今ここにあるものに感謝できるのって、とってもステキなことだし、とっても豊かなエネルギーです。


2つ目の「人のものをムヤミに欲しがる」。

人のものを欲しがってばかりいるのは貧しい波動です。

ここでお金持ち波動に変換！

まずは相手が持っているものをホメましょう。

「とってもステキなバッグですね」とか、「そのスカーフ、すごくセンスがいいですね」とあなたが欲しくなったポイントを素直にホメましょう。そんなあなたに相手はきっと好感を持ちます。どこで買ったかとか手にいれる方法とか、いろんなことを教えてくれたり、あなたがそれを手にできるように応援してくれたりするかもしれませんよ。

そして3つ目の「いいなぁ、いいなぁ」という嫉妬やねたみの言葉。人と比べてマイナスのエネルギーを出しているのが貧しい波動です。ここでお金持ち波動に変換！

人のことを見て「いいな」と思う気持ちの中に、なりたい自分や、本当はやりたいこと、そんな自分の本心があることに気づきましょう。

嫉妬やねたみの気持ちって本当は悪いものではありません。「わたしもやりたい」「わたしもなれる」「わたしもできる」その可能性が見えるからあなたに湧き出ている大切な感情です。

そのことがわかったら、さっそくあなたのできることから、行動しましょう！　きっとあなたにとってステキなことが起きますよ！

見た目が変われば波動も変わる

ここまで読んで、「そうは言ってもなかなか想いって変えられない」と思った人もいるかもしれません。その気持ちよーくわかります。

想いというのはクセとか習慣のようなもので、あなたが生きてきた年数だけあなたに染み込んでいます。考えグセとか、口グセとか、想いグセとか。そういう身についたクセを変えるのは、意外と手強かったりします。

それでも、せっかくこの本を手にしたからには、手っ取り早く波動を上げたいですよね?!

そういうときのための抜群にいい方法があります。

見た目や、着ている服を変えればいいんです。

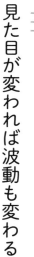

実はこれ、一人さんから最初にわたしが教わったことなんです。

最初に一人さんに会ったとき、わたしは結構、自分なりにオシャレしてました。茶色のワンピースに茶色いコート、茶色いクツで、茶色いバレッタで髪の毛をまとめて。いわゆるシックなワンカラーコーディネートです。

ところが、そんなわたしを見た一人さんの衝撃発言！

「真由美ちゃんは、土かい？」

めちゃくちゃウケました（笑）。


そして、一人さんはこう続けました。

「真由美ちゃんは、どんな人生を送りたいの？」

わたしはすかさず「派手な人生を送りたいです！」そう言いました。

すると一人さんは、やさしく笑いながらこう教えてくれました。

「だったら派手にしな。人ってね、その人の見た目通りの人生になるんだよ」

「見た目通りの人生になる」、この言葉は本当に衝撃でした！

そこからわたしは、明るい色の服を着る、自分をお高く見せる服を着る（値段が高いとかではなく高級に見えることが大切です）、キラキラ光るアクセサリーをつける、そういったことを常に心がけるようにしました。そしてそれを続けたおかげで、今の宮本真由美に至っております（笑）。

わたしは「派手な人生」と言いましたが、モチロン、あなたは派手な人生じゃなくたっていいし、派手な服じゃなくてもいい。

大切なのは《〝波動が高くなった自分〟がしていそうな服装や見た目を、なにか1つでいいから、できそうなところからやってみる》ということです。

キレイなクツをはく、ツヤツヤの髪でいる、明るくツヤのあるメイクをする、ダレが見ても気持ちいい清潔感を大切にする。

どんなことからでもやり始めたら、あなたはその時点から、もうその高い波動になっています！

この方法のいいところは、周りの人がすぐに気づいてくれることです。ホメられたら「ありがとうございます」と超ゴキゲンでお礼を言ってくださいね。

それともう1つ大切なのは、周りの人に気づかれる気づかれないに関係なく、自分の見た目を変化させたら「よっしゃ！　これで高い波動になった」「ツイてる波動になった！　ＯＫ」と自分を元気づける言葉を言ってあげてくださいね。

もうこれでバッチリ！　おめでとうございます。

あなたはナニをやってもダレから見ても波動の高い人です。

気がついたら最初は変えるのは難しいと思っていたあなたの想いもすっかり変わっちゃってますよ。

どこまでも突き進んでいきましょう！

人を見抜く！　その先が肝心

魂レベルが高くなると、恐ろしいほど人を見抜けてしまいます。

逆に言うと、見抜けるようになれば魂レベルが上がり、波動も上がります。

これは一人さんに教わったとっても深い話です。

「世の中みんないい人なんだよ。だけど、みんなと言っても全員じゃないんだよ。中には悪い人もいる。だから、真由美ちゃんがずっとしあわせでい続けるとか、お金持ちでい続けるためには、ちゃんと〝見抜く目〟を持つことが大切なんだよ」

その見抜くポイントとは、いわゆる世の中の一般常識は全く関係ありません。ここで重要なのは〝あなたがしあわせに生きるために信頼してはいけない人〟を見抜くこと。

それはどんな人なのかは、絶対に知っておいてください。

人の悪口を言う、グチや泣きごとを言う、心配ごとを言う、「ゆるせない」とか不平不満を言う、不機嫌になる、お天気屋さん、意地悪を言う、人によって態度を変える、すぐに怒る。

「あなたのためを思って」といった言い方をして、自分の考えを押し付けてくる人も同類です。

つまり、あなたは自分がしあわせに生きるために、そういう人を見抜けるようになればいいんです。

見抜くために必要なことはたった1つです。それは《最初に感じた第一印象や直感》です。なんだかわからないけど、自分の心がざわざわしたり、変な気分がしたり、「ん？　なんかおかしい」と心に引っかかったり。この直感って、ものすごく大事です。

ところが人の脳はザンネンながら、すぐにダマされちゃうんです。

たとえば肩書や家柄とか、社会的な地位や職業だったり、そういうあとから入ってきた情報に脳はいとも簡単にダマされてしまうんです。ところが直感は違います。あなたの魂がダイレクトに感じている情報です。

「人間の直感って絶対にダマせないんだよ」

これは一人さんの最高の名言です。本当にその通りです。

ダマされたという方の話をあとから聞くと、「最初からおかしいと思ってたのよ」みたいなことをよく言いますよね。

あなたの直感を大切にしていきましょう。

あなたがなにか「ピン！」ときたときには、「でもまぁ、いい人だから」みたいにオブラートに包んだりしないで、心に届いた直感からきた声をちゃんと聞いてくださいね。

さて、ここからが大重要ポイントです。大事なのはこの、見抜いたあとです。そうです。どうやってその人とのご縁に距離を置くかです。

そのときはぜひこの言葉を、心の中で言ってください。

「この人にすべての良きことが雪崩《なだれ》のごとく起きます。そして、この人とわたしは距離をとります。ありがとうございます」

どんなにイヤな人、悪い人でもその人の中の魂は本来うつくしいんです。だからその人の魂に向かって「この人にすべての良きことが雪崩のように起きます」と言ってあげましょう。そして、「距離をとる」と決め、その人の魂に出逢ったおかげであなたが学べたこと、気づけたことに「ありがとうございます」と感謝します。そうするとあなたの波動が変わります。そして不思議なくらいあなたのこれからご縁する人が変わってきますよ。

一人さんはいつも、わたしがビックリするようなことを教えてくれます。

「真由美ちゃんは、自分が悪いことしてなかったら、天国に行けると思ってない？　でもそれってちょっと違うんだよ。真由美ちゃんが悪い人の味方してると、天国に行けないんだよ。

悪口を言う人、グチや泣きごとを言う人、不平不満を言う人ってい
るよね。たいていは、聞かされてる自分が被害者だと思ってるんだよ
ね。

でもさ、わかるかい？　真由美ちゃんが聞かなければ、その人、言
わないいんだよね。ってことは、神さまから見たら、ザンネンながら真
由美ちゃんは悪いことの手伝いをしてるってことになるんだよ（笑）。
それにさ、そんな話ばっかりしてたら、その人不幸せになっちゃうよ。
それを手伝っちゃダメだよ」

もう、目からウロコが1000枚落ちました。

本当の〝見抜く目〟とは、「悪い人を見抜く」だけじゃなくて「**自
分がそのことには絶対に味方しない**」「**その人が不幸せになることの
手伝いをしない**」という、そこまでをわかることだったんです。

見抜く目を持って、「距離を置く」のは、悪いことじゃありません。

やさしい観音菩薩さまでも縁を切るときは、不動明王になって、愛を持って今世の縁を切ります。わたしたちも、その人が不幸せになることのお手伝いは絶対にしないという「愛」です。

自分がますますステキな人と出逢うために、しっかり見抜きましょう！　鍛えられるほど、あなたの魂レベルはどんどん上がっていきますよ！

波動を底上げする3つのコツ

波動を底上げすると、引き寄せてくるものが変わり、現実がどんどん変わります。今あなたの周りで起きていること、出逢う人、つき合っている人、あなたの身体に起きていること、すべては、あなた自身のエネルギーが創り出している〝あなたの現実〟なんです。

波動を上げるために、ここまでいろいろご紹介してきました。さらにさらに！　あなたの波動を底上げするために、ここからご紹介する3つのコツをぜひやってみてくださいね。

まず、1つ目は〝**ゆるめる**〟です。

人には交感神経と副交感神経があります。グーッと緊張したり、ガッチガチに力が入っているときは、交感神経が優位なときです。

交感神経が優位なときは、いわゆる〝戦闘モード〟です。グッと手をゲンコツにして固く握りしめたままの状態で長時間いると、なんとオドロクことに手が腐ってしまうそうです。血がめぐらなくなって血流が止まった状態になるからです。当然、エネルギーの循環もよくはないですよね。

川も水の流れが悪いところは、そこだけドロドロと腐ったようになっています。それと同じように、身体も心も、交感神経が優位のままだと流れが停滞して腐ってしまうんです。ビックリですよね。

それには〝ゆるめる〟です。ゆるめてエネルギーを流しましょう。

ゆるめるのに一番簡単なのは、〝大きく深呼吸〟することです。

まずはゆっくりと息を吐きます。最初に「はー」っと吐くことで、ガッチガチにたまっていた戦闘モードのエネルギーがあなたから出ていきます。

そして、今度はゆっくりと「すー」っと息を吸います。すると、あなたの身体と心に新しいエネルギーが入ってきます。ゆっくりと「はー、すー」と、1回深呼吸しただけでも、あなたの中のエネルギーが入れ替わってバッチリ底上げされます。とっても気持ちいいですよ。

2つ目は〝笑顔〟です。

笑顔はめちゃくちゃ波動を底上げします。なぜなら、笑顔の人は、まゆ毛がまーるく山なりになって、口角がグッと上がって、お顔にしあわせが似合う「○」印ができています。

逆に笑顔のない人は、お顔に不幸せの似合う「×」印が出ちゃってます。まゆ毛が吊り上がって、お口はへの字。思いっきり顔に「×」出てます（笑）。

顔に出ている印が×なのか○なのかで、周りの人から届くエネルギーも、天から来るエネルギーも全然違ってしまいます。

笑顔いっぱいの「○」印が出ていると、周りの人への印象がいいから、当然、好感を持たれます。好感という愛のエネルギーが届くんです。ところが、笑顔のない「×」印でいると、「怖そう」「冷たそう」

「とっつきにくい」というような、マイナスなエネルギーが届きます。

さらに、天からのエネルギーはどうかというと、**笑顔いっぱいの「○」印のお顔は、神さまがごひいきしたくなる顔、断トツナンバーワンです**。天から見ていてもかなり光っていて目立つそうですよ！

世間の人からも好感という愛のエネルギーがたくさん来るし、天からも超ごひいきされてたくさんのご加護が来る。こうなったらもう、現実がプラスに変わらないわけがありません！

そして最後の3つ目は、**〝ゴキゲンでいる〟**ということ。

ゴキゲンでいることは、笑顔と同じように、世間の人から好感という愛のエネルギーがたくさん届きます。

モチロン、天からも、ごひいきしてもらえます。あなたもなんとなくわかりますよね？　不機嫌な人って、なんだか黒いオーラに覆われているような気がしませんか？　反対に、ゴキゲンな人は、とってもハッピーなオーラ、天国のオーラが出ていますよね。

あなたにとっておきのいいことをお教えしますね。

もしあなたが、「なんだかゴキゲンな気分になれない！」「も～う！やんなっちゃう」みたいな不機嫌になりそうなとき。

心から想えなくてもＯＫです！　ぜひこの言葉を言ってみてください。


「ゴキゲン♪　ゴキゲン♪　上気元」


自分にゴキゲンパワーの言葉をかけてください。結構効きますよ。

一人さんが書く〝上気元〟という文字。これは自分の元の〝気〟が最上級という意味です。**つまり、最上級のアゲアゲですから、波動がとんでもなく上がっちゃいますよ。**

波動って、あなたが世の中に大発信している周波数です。ラジオなら「この周波数に合わせるとこんな番組やってるよ」というように、「わたし、今、こんな感じのエネルギー出してるよ」ってことです。

ということは、波動を底上げしてアゲアゲにしたら、同じ波動の人がそれをピタピタピタッとキャッチして、あなたの前に現れてきます。

これが本当の引き寄せです。ますますステキな人や楽しい出来事があなたの毎日に山ほど起き出しますよ。

この3つ、ぜひ意識してやってくださいね。

本当に波動の高い人がやっているスゴ技

この言葉を実践している人がいたら、その人は間違いなく本当に波動が高い人です。さっそくですが、そのキーワード、いきますよ！

「いばっちゃいけない、なめられちゃいけない」

「何じゃそりゃ？？？」と思った方がいるかもしれませんね。でも、これが〝本当に高い波動の人〟に大きく関係しているんです。

まず、「いばっちゃいけない」。

だって、よーく考えてください。いばる必要ってあります？　ないですよね？

わ
いキラわ
ばり散らすって
性癖をお持ちなのかし

それに、自分がいいことを
「すごい人だなぁ」って思ってくれ
にいばったりする必要も全くありません。

いばってる人って一見、波動がとっても強そうに見える
せん。でも本当は、なにかに対する恐怖があるんです。「見下さ
くない」「エライ人として扱ってほしい」「すごい人に見せなくては」という、恐れからのエネルギーなんです。それで、一生懸命いばっているんです。**恐れの波動はマイナスのエネルギーです。つまり、高い波動とは真逆の低い波動です**。だから、「いばっちゃいけない」。

高い波動の人は、恐れとは真逆の愛の波動です。絶対にいばったりしてませんよ。

じゃあ、いばらずエラぶらずおとなしーくしていればいいのかというと、それはダメダメです（笑）。「いばっちゃいけない」のとセットで「なめられちゃいけない」、これがものすごく重要です。

人からバカにされる、粗末に扱われる、大切にされない、つまり、なめられたままで、「人生しあわせ♡」とは絶対になりません。人生は絶対に成功しません。だから、人からなめられてはいけません。

じゃあなめられないために「いばる」のか？　それは違います。

まずは、このことに気づいてください。

《あなたがあなた自身のことをなめてる。見下してる》

あなたが自分のことを卑下したり、ダメ

粗末に扱っていると「わた

波動が出て、

寄せられます。

あなたが自分にやってるから、人も「やっていいのね♡」とベロンベロンとあなたをなめてかかるのです。

「なめられてる」って、自分をゴミのように粗末に扱っているマイナスのエネルギー。つまり、高い波動とは真逆の低い波動です。だから、「なめられちゃいけない」。

高い波動の人は愛の波動です。絶対に自分のことをいじめたりしてませんよ。

すべては波動です。すべてはあなたの波動が引き寄せてます。

「いばっちゃいけない、なめられちゃいけない」

この言葉をあなた自身の魂に何度も聞かせてあげましょう。

あなたがどんなにすごい人になってもいばらない。あなたがどんなときも自分を大切に扱う。

あなたのその生き方は、あなたの人生の〝しあわせのナビ〟です。

波動が上がると人間関係がガラリと変わる

わたしたちはこの地球での人生で、２つのことを学ぶために生まれてきました。

それは「人間関係」と「お金」のことです。

確かに、わたしたちの悩みを突きつめていくと、「人間関係」と「お金」のことに行きつきます。

ということは、自分の波動が変わると、すぐに現象として現れるのも「人間関係」と「お金」のことなんです。

そのうち、よりわかりやすいのは「人間関係」です。

あなたと関わっている〝人〟に注目していくと、自分の波動が変わったかどうかが、ものすごくよくわかります。

ここで、あなたの波動が変わったときに現れるサインを4つお届けします。

1つ目は、それまでよく一緒に過ごしていた人といても「なんだか、あんまりおもしろくないな」と感じるようになる。

2つ目は、当たり前にしていた会話も「おもしろくないな」と感じたりする。

3つ目は、あなたのそばにいる人が変わる。そばに来る人が変わる。

4つ目は、ズバリ、友だちが変わる。

この4つすべて、あなたの波動が変わったサインです。

ピンときたものがあるんじゃないですか？

普通に使う言葉の中にも「気が合う」とか「気心が知れる」とか〝気〟のつく言葉がたくさんあります。その「気」とは波動です。

一人さんがこう教えてくれました。

「人間ってすごいんだよ。人間だけが〝波動〟を変えられる生きものなんだよ」

だから、**「人が変わったみたい」とか「雰囲気が変わったよね」というのは、その人の波動が変わったということ**なんです。

わたしはまだOLだったあるとき、一人さんからこう言われました。

「真由美ちゃん、たぶんね、友だちいなくなるよ」

「えー！　ホント？」とビックリ顔のわたしに、

「いなくなるはオーバーかな？（笑）でも知っておくといいよ。今、真由美ちゃんは、しあわせで豊かになる方法を実践してるだろう？そうすると、真由美ちゃんから出る波動が変わるんだよ。これから友だちが変わったり、つき合う人が変わってくるよ。でもそれは、少しもさびしいことじゃないよ」

そして続けて、ニコニコしながら一人さんはこう言いました。

「それにさ、友だちって数じゃないからね。本当にいい友だちに人生で1人出逢えたら、それで最高なんだよ」

そのときのわたしはあまりわかっていませんでした。ところが、OLを辞めて一人さんの『銀座まるかん』のお仕事を始めて4ヵ月くらいたった頃、その出来事は起きました。

前の会社のお友だちとひさしぶりのお食事会。

大好きなみんなと会えるのがホントに楽しみでした。ところがどうしたことか、一緒にご飯を食べていても、話をしていても、なんかおかしいんです。正直に言うと、前みたいに楽しくなかったんです。いつもなら、2次会3次会と盛り上がるのが、そうそうに帰ってきてしまいました。そのあと、あえて会ったりすることも、ほぼなくなってしまいました。

でも、一人さんが言っていたように、さびしいとかそんなマイナスな気持ちは1ミリもありませんでした。ただ逆に、わたしの心はとてもしあわせで、今までご縁してくれた方に「感謝する」気持ちでいっぱいになりました。

この話を読んでカン違いしないでくださいね。前のお友だちの波動が高いとか低いとか、自分の波動が高くなったとか、そういうジャッジしたりいばることでは全くありません。なぜなら人間関係に上とか下とかは絶対ないからです。

一人さんがこう教えてくれました。

「みんなおんなじ魂だよ」

自分が「もっとしあわせで豊かになりたい」と想って行動し出すと、どんどんあなたの波動が変わってきます。そうすると、あなたの〝魂のステージ〟が変わります。そこでまた、ステキな人と出逢えます。そうやってあなたのつき合う人が変わっていくと、あなたの人生が変わります。

その〝魂のステージ〟が変わるごとに、あなたが大切にする人、人生で本当に大切にするもの、大切にする出来事が、心から、わかるようになってきます。

小学生のときのクラス替えと同じです。大好きだった親友と違うクラスになって大泣きしたのに、少ししたら違うお友だちと仲良くなる。その新しいお友だちとつき合うことで、自分の新しい特技を発見したりする。

大人になっても、おんなじだなって、心から想います。

人間関係が変わることは、悲しいことでも、さびしいことでも、悪いことでも、全くありません。あなたの中の波動が変わったサインです。

「わたしはまた新しいステージを楽しもう！」

そんなステキな気持ちで、最高の毎日を楽しんでくださいね。

たった15秒で波動調整！

心が疲れたとき、体が疲れたとき、15秒でできる超簡単な回復法です。効果テキメン！　ぜひお試しあれ！

まず、両手を真横に一直線に広げて伸ばし、親指を中に入れてグッと握ります。

そして、軽く目を閉じてください。

次に呼吸に意識を向けてみます。

まずは、深く息を吐きます。あなたの中のいらないエネルギーを外に出すつもりで、大きくゆっくり吐きます。

そして、大きく息を吸います。いらないエネルギーを吐き出して空っぽになったところに、いいエネルギーがどんどん吸い込まれてきます。

さぁ、あなたのハートに、エネルギーがどんどん注ぎ込まれたのがわかりますか?

わたしたち自身はエネルギーそのものです。身体の中にはすみずみまで気というエネルギーが流れています。

両手を真横に一直線に広げると、縮こまっていた胸が開きます。胸を開くということは、その瞬間にあなたのハートチャクラも開きます。

一人さんも言っています。

「体は〝空《から》だ〟が一番いいんだよ」

空っぽで、自分の身体のどこにも滞りがない状態が最高です。滞りがあるところは、血流が悪かったりエネルギーが流れていなかったり、栄養が行き届いていないってことですからね。どこかに滞りがあると〝空《から》だ〟じゃなくなっちゃいますね。

エネルギーがマイナスのほうにかたよっているときは、呼吸が浅くなっています。
うつむき加減で下を向いてノドは閉じて胸は縮こまり、とっても呼吸が浅くなり、「はっはっはっ」とあせったような短い呼吸になっています。

わたしたちは神さまからのご招待で、この地球に人生を思いきり楽しむためにやってきました。だから、そんなにあせったり、気にし過ぎたり、あわてたりしなくてもだいじょうぶなんです。
最後には絶対に、あなたはなんとかなるんです。だから、**うまくいかないときは、まず落ち着いて、意識してゆっくり深い呼吸に整えていきましょう。**

この〝15秒でできる超簡単な回復法〟、よかったら、あなたのリラックスできる大好きな場所でやってみてくださいね。

山が好きですか？　川が好きですか？　お気に入りの公園や、神社さまもいいですね。

あなたが「ここ好きだな」と思う場所は、あなたにとっての大切なパワースポットです。ピタッと波長が合って、ふだん家でやってるよりも、よりたくさんのエネルギーがあなたに入ってきますよ。

この回復法のいいところは、どんな場所でもできるところ！

会社でもできます。手を広げられなければ、深い呼吸をするだけでもOKです。

心が疲れた、体が疲れたというときに、本当に15秒で回復しますから。いや、15秒かかりませんね。ぜひ、やってみてください。

3文字から生まれる「悪魔の時間」から自分を守ろう

世の中に無駄なことは1つもありません。すべてが自分にとっての学びです。

ところが、自分にとっても、相手にとってもいいことが1つもない時間が存在します。しかも、おたがいの運気までめちゃくちゃ下げてしまいます。わたしはそれを「悪魔の時間」と呼んでいます（笑）。

そのイヤーな「悪魔の時間」を回避するためのキーワードをお教えします。

相手がこの3文字を使った瞬間に気づいて、ピシッと「悪魔の時間」を終わりにしてください。この3文字、相手が何か相談してきたときに、出てくる可能性が高い言葉です。

それと同時に、あなた自身が万が一にも、この3文字を言ってないかは、要チェックですよ。ではさっそくまいりましょう。

1つ目は、「**でもね**」の3文字。

相談をされたら、「こう考えたらどう?」「こうしたらいいんじゃない」とダレでも親身に答えます。ところがどっこい、それに対して「でもね」。

わかりますか? **これって親身な答えへの〝全否定〟です**。さらにナニを答えても「でもね」が続けば、相談ごとは解決しないし親身な答えは役に立たないし、おたがいにとっていいことは1つもありません。負のエネルギーがぐるんぐるんと回ってしまいます。

2つ目は、「**だって**」の3文字。

最初の「でもね」とかなり似てます。これも、よーく考えるとあなたの言ったことを〝全否定〟している言葉です。さらに、「**でもね、**

だって」とセットになると、まさに〝ウルトラ全否定〟ということです（笑）。ナニを言っても「だって」で返されたら、親身になって聴いてる時間、親身になって答えた時間はすべてムダになります。「あの○時間はなんだったんだ!?」ってことになります。まさに「悪魔の時間」です（笑）。

3つ目は、「難しい」の3文字。

ナニか提案した瞬間「それは、ちょっと難しいです」と1秒も考えずに反射的に返してくる人っていませんか？「厳しい」とか「つらい」も仲間の言葉です。

この言葉を聞くと、わたしは心の中で「あー、もったいないなぁ」って思ってしまいます。なぜなら言葉の力を知っているから。言葉から出る波動がわかっているから。その言葉を言った人が、その言葉の通りにこれから起きる現象、そして人生すべてが「難しく」なってしまうから。

しかも、「難しいです」「厳しいです」「つらいです」と否定されたら、やっぱりいい気分はしません。イヤな気分は間違いなく運気も下がりますからね。

4つ目は、「どうせ」の3文字。

あきらめの境地ですね(笑)。自分をものすごく下げている言葉です。「どうせわたしなんて」「どうせムリだから」「どうせうまくいかないから」という感じで、「どうせ」の後にいい言葉はつきません。

どんな前向きな言葉をかけたところで、この「どうせ」で返されたら、その瞬間にその場のエネルギーがパーッと下がります。「どうせ」という言葉は「悪魔のバリア」で、どんないい言葉も跳ね返してしまいます。だから、「どうせ」と言われたら、できるだけすぐにその会話や場所からオサラバしてください。

5つ目は、「忙しい」の3文字。

本当に忙しいときってありますよね。ついつい言いたくなるときもあります。でも、なんでもかんでも「忙しい」で済ませるのはアウトです。たとえば、「髪の毛、ちょっとボサボサだよ。とかしたら？」それに対して「忙しいから」。いやいや、3秒くらいでパパッと髪の毛はとかせますよ（笑）。

「忙」という字は、「心を亡くす」と書きます。しかも、言葉は波動です。なんでもかんでも「忙しい」って言っていると、本当にその通りになっちゃいます。**「忙しい」という言葉に縛られて、本当に心まで亡くしてはいけません。**「忙しい」のワナにはまらないでくださいね。

自分の大切なエネルギーと自分の大切な時間を使って、相手の話を親身になって聞いて答える。そこから、その人が「やるかやらないか」それを選択するのは、その人の自由です。

それでも、「でもね」「だって」「難しい」「どうせ」「忙しい」と全否定で返ってきたら、すべての会話が無になりますよね？　今までの時間が無駄になりますよね？

だってそもそも、変える気もやる気も、なに1つないってことですから。

ということは、おたがいにとって1つもいいことがない「悪魔のような時間」ということです。

「ピシッと〝悪魔の時間〟を終わりにする」という言い方をしましたが、絶縁するとか、金輪際絶対会わないとか、そんなことじゃありません。まずは、今のその会話を終わりにするんです。「あ、ごめん。○時から約束があるんだ」などと言って、いったんストップするということです。あまりにそれが何回も続いたら、ちょっと距離を置くとか、会う回数を少なくするとか、最終的には縁を切るというのもありです。

よくよく考えてくださいね。親身になって話を聞いているあなたに対して、「でもね」「だって」「難しい」「どうせ」「忙しい」の3文字が言えてしまうこと自体、その人の愛情もエネルギーも足りなくなっている状態です。

そういう人は、あなたの大切な時間を奪うだけでなく、あなたの大切なエネルギーを奪います。だからそういう人といたあとって、めちゃくちゃ疲れますよね。

しかも、いっしょにいる時間の分だけ、あなたの波動が下がります。さらに、同じ波動になってしまうかもしれません。

そうはなりたくないですよね。だとしたら、とにかく、いったんその場の会話を上手に終わりにしましょう。そして、そこから上手に離れて、自分の大切なエネルギーを守りましょう。

あなたは絶対に、この3文字の言葉で「悪魔の時間」をつくらないでくださいね。

第 2 章

邪気を祓《はら》って上気元になる法

邪気がたまっている8つのサイン

邪気はたまってしまいます。怖がらなくてだいじょうぶです。たまってもOKです。たまったら出せばいいだけですから。それも、簡単に！　スッキリ！　祓えますからご安心ください。

ですが、まずは「邪気がたまってるな」と自覚しないといけません。気づかないと、ただたまっていくばかりですからね。そうならないように、まずは邪気がたまっているときのサインを知っておきましょう。

1つ目は、〝怒る〟。

2つ目は、〝泣く〟〝泣きたい〟。

3つ目は、〝恨んでいる〟とか〝嫉妬〟。

4つ目は、〝悲しい〟。

5つ目は、〝疲れている〟。
6つ目は、〝落ち込んでいる〟。
7つ目は、〝悔やんでいる〟〝後悔している〟。
8つ目は、〝苦しい〟とか〝我慢している〟。

こういう感情や気持ちが自分の中にわきあがっているときは、あなたの中に邪気がたまっています。

邪気というくらいですから、あなた自身にとっていい感情や気持ちではありませんよね。だからと言って無理やり押し殺そうとしちゃいけませんよ。だって、人って「考えちゃいけない」と想えば想うほど考えてしまうものですから。

そもそも、どんな感情も悪くはないんです。この8つのサインも、悪いものじゃない。

すべては〝因果〟です。因果とは〝原因と結果〟ということです。

あなたになにかが起きて、その感情がわきあがったというだけです。

だから、原因である〝あなたに起きた出来事〟に対する想いをちょっと変えると、たちどころにあなたの結果である〝感情〟が変わります。そうすると、「邪気」だったものが「陽気」に変わります。

では、どうやって変えるのか。さっそく知っていきましょう。

見方を変えれば邪気が消える

感情は、神さまが人間にだけプレゼントしてくれたもの。だから、どの感情も、いいとか悪いとかではなく〝喜怒哀楽〟すべてが素晴らしい神さまからの贈りもの。どの感情も、押し殺さなくていいんです。いらないものを、神さまがわたしたちにくれるワケがありません。

でも、邪気を邪気のままにしていると、気分良く生きられません。

そのためには、そのイヤな感情を別の方向から見ることです。その原因になっている〝あなたに起きた出来事〟への想いをちょっと変えると、その結果、あなたの感情がガラッと変わります。感情が変わるということは、あなたの〝気〟が変わるということです。

さてここから、邪気がたまっている8つのサインの感情を、1つずつ「陽気の感情」にチェンジしていきます。

1つ目、〝怒る〟ということ。怒っていることがいけないわけではありません。物事に真剣だったから怒るんです。**これくらい怒りがわきあがるということは、それだけあなたは真剣だった、ということ**です。素晴らしい！

2つ目、〝泣く〟ことも悪くないですよ。それだけの感受性があることが素晴らしい。そして、**やさしいから涙があふれる**んです。素晴らしい！

3つ目、〝恨んでいる〟とか〝嫉妬〟。相手を信じていたんですよね？ 自分でもできるって信じているんですよね？ あなたの**相手を信じる気持ち、自分を信じる気持ちが深い**からです。あなたの自分や人への愛の深さです。素晴らしい！

4つ目、〝悲しい〟という感情も、あなたのなにかに対する深い愛です。素晴らしい感受性があって、愛が深いから、悲しくなるんです。素晴らしい！

5つ目、〝疲れている〟。これは、あなたがガンバっているという素晴らしい勲章。でもね、これ以上ガンバるよりも、疲れていると感じたら、自分に「いつもありがとう」とやさしく言ってあげてくださいね。本当にあなたは素晴らしい！

6つ目、〝落ち込んでいる〟。ということは、その前にあなたはなにかに挑戦したんですよね。うまくいったときのあなたも、うまくいかなくて落ち込んでるあなたも、どちらも一歩前へ足を出して前進したあなた！　めちゃくちゃ素晴らしいです。

7つ目、〝悔やんでいる〟〝後悔している〟。これも、なにかにつまずいたから、その感情がわいてます。そう！　あなたが挑戦した証です。**「こうすればよかった」という想いは、「次はこうしよう」というあなたの改良点**です。ということはますますよくなるだけ。それに気づけたあなたは素晴らしい！

8つ目、〝苦しい〟とか〝我慢している〟。これは、あなたの素晴らしさそのもの。**あなたの可能性は無限大。神さまからの期待が大きいんです**。神さまはその人がクリアできない問題は出しません。あなたは、本当は苦しんだり我慢したりしないでクリアできるだけの強さを持っているんです！　ここからは、笑顔で楽しくクリアしましょう！あなたならできますよ。

こんなふうに、ちょっとだけ見方を変えてみると、どうでしょう？「陽気」なエネルギーになってきますよね。

邪気は使い方さえわかればパワーになる

邪気がたまっているサインに気づいたら、「あっそうか！　今、邪気がたまっているから、こういう気持ちになってるんだ。ＯＫだよ」と受け止めてあげてください。

「そっか、そっか。それだけ真剣なんだよね」「わかるよ。信じてたんだよね。愛が深いね〜」とか、自分にやさしく言ってあげてください。

「エライ！　ガンバってるね」「いいね。挑戦したってスゴイよ」というように、**あなたの心に常にOKを出してあげる**んです。

「ＯＫ」「その感情わかるよ！」「いいよいいよ！」「だいじょうぶだよ」と、常にあなたの感情の味方をしてあげてください。

そうすると、邪気が「あっ、そっか。わたしイケてるね！」となって、陽気に変わっちゃいます。

陽気は、明るいエネルギー。「あっ！軽～いエネルギー」。だから、どんどん上へと昇っていく〝気〟。あなたが、さらなる次のステキなステージに上がるための〝気〟です。

わかりますか？　どんなたまった邪気だって、陽気に変換できるんです。だから、あなたのどんな感情もちゃんと受け止めて楽しんで「陽気」に変換してくださいね。

邪気の８つのサインは、すべて、あなたに必要なことを知らせるためのものです。

ただ、その必要なことをただマイナスのこととして受け止めると、ただただ邪気のまま、あなたを苦しめる原因になってしまいます。そうならないように、明るい光を当てて陽の気にしましょう。

第2章 邪気を祓って上気元になる法

わたしが心に決めていることがあります。それは、

「もし、世界中の人が敵になったとしても、わたしは絶対にわたしの味方でいる」

あなたもあなたのことを、誰よりも一番に大切にしてください。あなたのどんな感情もあなたそのもの。大切にしてくださいね。

邪気も〝気〟であり、エネルギーです。ちゃんとうまく使いこなして、あなたのパワーにしてください。陽の気に変えれば、あなたをさらに活かすすごいパワーになります！

本当に人生は「陽気」なら、なんとかなる！

〝上気元〟を唱えれば どんな願いも叶い放題

この宇宙には一人さんから教わった根本の神さま、アソビノオオミカミさまという神さまがいらっしゃるそうです。

肝心なのは、さらに一人さんが教えてくれた、このことです。

「アソビノオオミカミさまってね、とんでもなくやさしくて、とんでもなく明るくて、存在が愛そのもので、とんでもなく楽しいことが大好き。もともと、なにもない無の世界にいらっしゃって、『うーん、タイクツだなぁ。なんか楽しいことしたいな』と想って、この世のものを1つずつ創りだしたんだよ」

そう！　**この世界はアソビノオオミカミさまがお創りになった壮大なスケールの遊び場**なんです。そして、地球もモチロン、そこにいる

第2章
邪気を祓って上気元になる法

わたしたち人間も、すべての存在するものがアソビノオオミカミさまの想い＝波動から創られた存在なんです。

つまり、この宇宙のすべてはアソビノオオミカミさまの波動でできているんです。

ということは、わたしたちが願っている〝しあわせ〟や〝豊かさ〟も、わたしたちがアソビノオオミカミさまと同じ波動に合わせれば、どんな願いも叶い放題。どんなものだろうと、ギフトとして受け取り放題ということです。


では、どうやってその波動と合わせるのか。

これこそが、一人さんが教えてくれた魔法の言葉「上気元」です。

上気元とは、自分の〝気〟が最上級、という意味なのは前にもお伝えしました。そして、さらに上気元とは、自分の〝気〟を根元の神さまであるアソビノオオミカミさままで上げる、ということなんです。

「上気元、上気元、上気元、上気元」と、どんなときでも、この言葉を言ってみてください。

そうすると不思議なことが起きます。間違いなく、どこからどう見ても、ダレから見ても、上気元な人になるんです。

すると、さらに不思議なことに、同じような上気元な人だけが集まってきて、上気元な出来事だけがどんどん引き寄せられてきます。

そう考えると、あらためて不機嫌くらい恐ろしいモノはないですね。

あなたの出した波動と同じものしか引き寄せないということは、

「不機嫌なあなたには、不機嫌な人と不機嫌な出来事しかやってこない」

「普通の機嫌のあなたには、普通の機嫌の人と普通な出来事しかやってこない」

ということになります。

想像してみてください。この壮大なる宇宙の根元さまのアソビノオオミカミさまが不機嫌でブスッとしてるとか、そんなことあるワケないですよね（笑）。

一人さんが「自分のキゲンは自分で取りな。上気元でいる人にはいいことがたくさん起きるよ」と言うのは、そういう深い深い意味があるんです。

ここに、あなたがアソビノオオミカミさまのお創りになった大宇宙のすべてのギフトを受け取る波動の秘密が隠されているんです。

驚きましたか?! **想い通りの人生はモチロン、上気元なあなたの願いは叶い放題**ですよ。

まずは「上気元、上気元、上気元、上気元」と、どんなときでも、この言葉を口グセにしてくださいね。

イヤなことはスッと避けて上気元！

できればやりたくない。だけど、やらなければいけないから、仕方なくやっている。そんなこと、ありませんか？

それ、できるだけ、やらないで済むようにしましょう。

掃除がキライなら代行業者に頼むとか、食事の後片付けがニガテなら食洗機を買うとか、料理がキライなら宅配を使ってもＯＫ。

「だけど、そんなことしてたら、高くついて仕方ない」と言いたくなる人もいるのかもしれません。

でも、本当はやりたくないことをイヤイヤ不機嫌な顔してやって、波動まで下げてしまうくらいなら、お金を出してやってもらい、その分、上気元になって、じゃんじゃんばりばり働いて、お金を稼いだほうが楽しいし、いいことばかりじゃありませんか？

それでも、どうしても「自分でやる」と決めたなら、**自分がやったことはどんなことも「得した！」と言いましょう。**

たとえばお掃除が、代行業者に頼めば1万円の出費だとします。「すごい！　わたし1万円も得した！」そう言ってください。

今までやりたくないと想っていたことが、あなたにとって、すっごい得したことに変わります。そう明るく考えるように変わると、当然のように波動は下がるどころかめちゃくちゃ上がりまくります。

そしてさらに、やりたくないことの中でも一番の難問は、人や機械にお願いできないこと。ようは人間関係。

よく聞くのは「イヤな上司がいて、仕事に行きたくない」とか。ところが本当は解決策は山ほどあります。とても耐えられないなら、思い切って辞めて、違う職場を見つけるのだってアリですよ。

ただしその会社にい続けたいなら、やっぱり自分が上気元でいられるように工夫がいります。

たとえば、イヤなことを笑いのネタに変えるとか、自分をホメるネタにするとか、楽しい工夫をしましょう。

どんな楽しい工夫かというと、イヤな上司と接することを〝滝行〟だと思ってみる。そうすると「あれ？　今日の滝行はそれほどきつくなかったな」って笑いに変わったり、「今日の滝行はいつもよりなかなかすごかった！　あれに耐えたわたしってスゴイ‼」って自分をホメるネタに変換できます。

これってスゴイですよね。普通ならグチや不平不満になることを、楽しい笑いに変えてるんですから！　それはあなたが、イヤなことをスッと避けて気持ちでも負けてない、ということなんですよ。最高です！

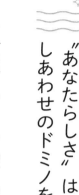

〝あなたらしさ〟はしあわせのドミノを起こす！

自分の好きなことを「好きだ」と言いきって、その通りに生きる。

自分が自分らしく、やりたいことをやる。

これは、とっても大切なことです。

わたしは「わたしの好きなものは〝お金と、オシャレと、遊ぶこと〟」と言いきって、その通りに生きています。


わたしは、オシャレ1つとっても、「こんなカッコしたら、人になにか言われちゃうかな」みたいな、心の中でストップをかけたりすることが一切ありません。

「わたしはこれが好き！」「わたしはこれが着たい！」という自分の気持ちに正直に、自分の好きなものだけを着ています。だから、わたしは、毎日いつも楽しいし、最高にしあわせで上気元です。

でもコレってすごい大切です。自分が楽しいから、そのエネルギーを、周りの人にもおすそ分けすることができるんです。

さらに、わたしが好きなオシャレをして楽しんでいる姿を見て、「いいなー」と思ってくれる人が出てきます。

そうすると、その人も自分が本当に好きなオシャレをして、楽しむように変わっていくんです。これってとってもうれしい出来事です。

これはオシャレだけに限ったことじゃないですよ。それと、わたしだけに限って起きることでもありません。

あなたが好きなことをして、あなたらしくやりたいことをやって楽しくイキイキと生きていると、「いいな。わたしも自分らしくやってみよう」と想ってくれる人が、あなたの前に現れます。

そうやって、自分の好きなもの、自分らしさを大切にする人が、どんどんどんあなたの周りに増えていきます。

あなたがあなたらしく好きなことをしているだけで、あなたの周りの人に伝わるって、すごいと思いませんか？　これこそが本物の**〝しあわせのドミノ〟**です。

あなたが自分らしく生きるのは本当に素晴らしいこと。周りと違って「生きづらい」と感じるなんて、それは全くおかしな話です。**もっともっと「わたしはこれが好き」と堂々といきましょう。**

あなたが好きなことを宣言して、その通りに生きるのは、あなた自身も、周りのダレかも助けます。あなたはしあわせのドミノのスタート地点ですよ。

感謝不足を点検して波動をメンテナンス

「最近、なんだかうまくいかないなぁ」というとき、〝感謝不足〟になっていないか、真っ先に点検してみてください。

あなたは、人に感謝を伝えていますか？

あなたは、人に感謝されていますか？


よくよく考えてみると、この世の中には、当たり前のことは、1つもありません。すべてが「有難《ありがた》い」こと。「有《あ》り難《がた》し」なんです。

だからすべてに対して「ありがとう」なんです。


水道の栓をひねっただけでお水が出てくるのも有り難しです。

食べものだってそうです。野菜1つとっても、土を耕して、種を蒔いて、全部自分でやるなんてできません。それがこうしてスーパーに行けば買えるなんて、とんでもなく有り難し！

そう考えると、朝、目が覚めて、今日という1日を始められることにまず感謝。

家族や友人に会えて、あいさつを交わせることにも感謝。

学校や仕事に行けることも感謝。

ご飯を食べることができるのも感謝。

1日が無事に終わり、温かいお風呂に入って、暖かい布団で寝られることにも感謝です。

「ありがとうございます」。すべてに感謝しかありません。

感謝の気持ちは足りていますか？

その感謝の気持ちを、周りの人にも伝えてくださいね。

あなたが感謝の気持ちを伝え出すと、不思議なことが起き出します。

「こちらこそいつもありがとうございます」

「あなたには本当に感謝してますよ」

と、あなたが感謝されるようになるんです。


感謝することはひとりでもできます。

でも、感謝されることは自分ひとりではできません。

あなたが感謝することから〝感謝のエネルギー〟が広がります。たぶん感謝し始めたここからのあなたは絶好調ですよ。

「なんだかうまくいかないなぁ」という自分とは別人です。

うまくいかないときは、〝感謝不足〟になっていないか、要チェックですよ。

若返りは上気元の副産物

いつも上気元でいると、しあわせになれます。成功もします。

そして、なんとうれしいことに若返ります！


ある年末、一人さんに会ったときに何気なく、「もう年末だね。今年はホント楽しくって、あっという間だったなぁ」と言ったんです。

すると一人さんに、

「そうかじゃあ、真由美ちゃんはこの1年が何ヵ月ぐらいに感じた？」

と聞かれました。

「うーん、3ヵ月ぐらいかなぁ」とわたしが答えると、一人さんはこんなふうに教えてくれたんです。

「よかったな。それなら真由美ちゃんは、今年は3ヵ月分しか歳をとってないということだよ。人はその人が感じた分しか歳をとらないんだよ」
この一人さんの言葉で、わたしにとっていろんなことが腑に落ちたんです。

一人さんはモチロンのこと、一人さんのお弟子さん仲間は、年齢不詳と言われるくらい、みんな、ものすごい若いんです。
実はこれ、一人さん仲間だけに限ったことではありません。あなたの周りにもいますよね？　いつもイキイキ好きなことをやっている人、毎日笑顔で楽しそうにしている人。そういう人はみなさん、たいてい実年齢よりも、かなり若く見えます。

逆に、いつも不機嫌な人は、実年齢よりも老けて見えていたりしませんか？
あなたも経験がありますよね？　イヤなことやタイクツなこと興味

のないことをしている時間は、ものすごーく長く感じます。つまり、不機嫌でいると、同じ1年でも3年分くらいに感じます。

つまり、その**あなたの感じた分だけ歳をとってしまっている**んです。

時間は目で見ることはできません。つまり、時間もある意味、波動です。

だから、**あなたが感じている時間の感覚が、あなたの身体に影響を与えている**んです。そう考えると、若く見える人と、老けて見える人の差が現れるのは、ものすごい腑に落ちますね。

あなたがいつまでも若々しくキレイで健康でいるためにも、上気元は必要不可欠です。

上気元で〝時間〟さえもあなたの味方につけてください！

「ますますおもしろくなってきたぞ！」ですべて解決

邪気を祓って上気元になるためのコツを、あなたにいろいろお伝えしてきました。

ここまでのことを知ったからには、イヤなこと、ツライこと、不満に思うこと、自分の想い通りにいかないこと、そんなあなたに起こるネガティブな出来事に対して、どんなときも、あなたは自分のキゲンを自分で上手にとってくださいね。

ダレもがこう想ってます。

「ネガティブな出来事は、絶対わたしに起こってほしくない」

ところが、ネガティブな出来事は間違いなく起きます（笑）。なぜなら、その**一見ネガティブに見えることは、わたしたちを成長させて**

くれるために起きているからです。

そのときにあなたがどんな言葉を言うかで、あなたのそこからの人生が変わるんです。

ちょっと想像してみてください。ネガティブなことが一切なく、ずっとポジティブなことしか起こらないあなたの人生。どうですか？　きっと、それはそれで、つまらないんじゃないかなぁ、と想いませんか？

ドラマだってナニも起きないドラマ、きっとダレも見ませんよね。いろんなことが起きるから、ドキドキしたり続きが見たくなるんです。

一人さんは生まれたときから体が弱くて、お医者さんからはあまり長く生きられないと言われていたそうです。病気がちで、おうちで寝ていることが多かったといいます。

そんな一人さんの楽しみは〝本〟でした。小さい頃からものすごいたくさんの本を読んだそうです。医学や健康についての本もたくさん読みました。その知識を活かして、大人になってから、自分のために自分で青汁を作りました。

どんどん元気になった一人さんを見た知りあいの方から「わたしにもわけてほしい」と言われてあげました。すると、その人は、ものすごい元気になったそうです。

そこから、それを聞いたたくさんの人が「わしにも」「わたしにも」となりました。そしてついに周りの人から「お金を出すからもっとわけてほしい」と頼まれ、そこから一人さんが創設した会社、『銀座まるかん』が始まった、というものすごい逸話です。

またあるとき、一人さんやお弟子さん仲間といっしょにいたとき、一人さんに1本の電話がありました。一人さんの電話での会話の雰囲気や言葉から、なんとなく「これはあまりいいことじゃなさそうだな」とその場にいたわたしたちみんなが感じていました。

電話が終わって、わたしたちのほうを見て開口一番、一人さんがこう言いました。

「ますます、おもしろくなってきたぞ！」

いっしょにいたわたしたちはビックリ仰天です。

「あれ？　問題発生じゃないの？　オモシロクなってきたの？」

そこからの一人さんは本当に神がかりでした。イキイキ楽しそうに、実はものすごい大問題だったその一件を、ほんの数時間で解決してしまったんです。

すると、その大問題のおかげで、『銀座まるかん』の業績はそこからますます伸びていきました。

もう一度、あなたにお伝えしますね。

あなたに起きる一見ネガティブに見える出来事は、あなたを成長させてくれるために起きます。そのときにあなたがどんな言葉を言うかで、あなたのそこからの人生が変わるんですよ。

ますます、おもしろくなってきましたね！

邪気のある人から自分を守ってしあわせに

この第2章の最後に、《邪気のある人からあなたを守る方法》をお伝えします。邪気のある人とは、あなたがイヤだなと感じる人、ズルい人やイジワルだなと感じる人のことです。

一人さんが教えてくれることは、どれもこれも一石二鳥じゃなく〝一石万鳥〟！　1つのことを知ると、万に匹敵するいいことが起きる教えばかりです。今回のお話も、あなたが自分を邪気から守りながら、ますますしあわせになっちゃうという〝一石万鳥〟の7つの方法です。

1つ目のステップは、**邪気のあるイヤな人から「自分を絶対に守る！」と決める**こと。これは簡単に言うと、自分が望むゴール設定です。

ゴールを決めていないと、「これくらい、いいのかな?」「あれぐらい、いいか」という感じで、あなたの心がブレてしまいます。

でも、決めさえすれば、スムーズに進めます。決めるだけで、ゴールに向けて一歩、踏み出すことになるんです。

2つ目のステップは、**「いい人に目を向ける」「いい人のことを考える」**です。

イヤな人って毒と同じです。毒はたった1滴ですごい威力があります。同じように、イヤな人やイジワルな人の一言は、まるで毒のようにあなたの心に残ります。

コップの中のお水に墨汁をたった1滴落としただけで水が黒く染まるように、あなたの心に広がり、勝手にあなたの心を黒く支配します。それは本当に毒と同じエネルギーであなたに1つもいいことはありません。だから、考えるだけ損です。

とにかく、あなたの視点を、あなたの周りにいる温かい人、やさしい人、いい人のほうに合わせましょう。

3つ目のステップは、**なんと言ってもやっぱり「上気元」**です。邪気のある人は、とにかく間違いなく不機嫌です。見た目はかろうじて取りつくろっているとしても、心の中はものすごく不機嫌です。ということは、あなたが上気元でいると、その不機嫌な人や邪気だらけの人とはエネルギーにズレが生じます。出ているエネルギーにズレが出る＝波動にズレが生まれる。あなたが上気元にすると、不機嫌な人とは勝手に波動にズレが生じます。波動がズレれば、あなたの前からいなくなってしまうか、スレ違い程度にしか関わりがなくなりますよ。

4つ目のステップは、**「自分の身体を大切にする」**。身体と心は「両輪」です。体調が悪いときは弱気になりがちです。

いつもの元気なあなたなら跳ね返せる相手の邪気が、あなたが弱っていると、そのスキをついてシュッと入りやすくなります。そもそも、身体は魂を入れる大切な器ですから、その器を大切にしましょう。

身体を大切にする一番簡単な方法は、あなたの見た目をキレイにすることです。あなたの見た目は、あなたの魂を入れるお社《やしろ》です。神社さんでいうと、大切な御神体をお祀《まつ》りする御本殿さまみたいなものです。

いつも心がけて清潔にしたり、ステキにしておくと、魂が喜んでいいエネルギーが出て、あなたの身体や心を弱らせる邪気から守ってくれますよ。

5つ目のステップは、「捨てる」。

いらないものを捨てて、家の中という、もっともあなたを守ってくれる大切な環境をキレイにしましょう。

邪気のある人の波動は、ぐちゃぐちゃしています。なので、あなたの家の中がぐちゃぐちゃしていると、邪気が入り込むスキを与えてしまいます。

始めるときは、小さい引き出し1つからでOKです。いらないものを捨てましょう。あなたがその行動を起こしたことが、もう邪気との波動をズラしてます。いらないものを捨てるたびに、ぐちゃぐちゃした邪気の波動が、どんどんいっしょに捨てられている爽快感を感じながら、楽しんでやってください。スカッとしますよ！

家も大喜びして、さらにあなたを守ってくれます。


6つ目のステップは、「しあわせバリアを強くする」。

しあわせバリアは最強です。悪い人やイヤなことからあなたを守る、結界ですから！　しかも、うれしいことに、このバリア、いくらでも大きく、分厚くできるんです。その方法は簡単です！　一人さんが教えてくれた、この言葉を言ってください。

「我は神なり、愛と光なり」

1日100回、言うつもりでやってみてください。神さまを傷つけられる人はダレもいません。人間はみな等しく、神さまから〝分《わ》け御《み》霊《たま》〟という神さまの愛と光をいただいています。だから、あなた自身が神さまなんです。だから、この言葉を言うと、あなたのしあわせバリアは大きく強くなります。神さまの愛と光であるあなたのことをダレも傷つけることはできませんよ。

7番目、最後のステップは「**人をしあわせにする**」。

これこそ、邪気と真逆のエネルギー。邪気からあなたを守る最終奥《おう》義《ぎ》です。このステップまでくると、もはや悪意のある人とは全く波動が合わないので、ご縁がなくなります。

「じゃあ、ボランティアをすればいいのかな?」と考える方がいるかもしれません。ところがどっこい、違いますよ。

「人をしあわせにする」、まずダレをしあわせにしますか? そうです。**最初にしあわせにするのはあなたです。あなた自身です。**

あなたがしあわせでニコニコしていると、「なんか、あなたに会うと元気になるの」と、あなたの目の前の人もニコニコしてしあわせな気分になります。しあわせって伝染するんです。最高に素晴らしいしあわせの伝染病。地球上に広めたい〝しあわせ伝染病〟ですね。

こうなればしめたもの、これまでいろんな人に悪意をぶつけてきた人でさえ、「この人からキラわれたくないな」「この人は粗末に扱えないな」とか「ダマしたり悪いことできないな」と感じて、しょせんはマイナスの波動の人ですから、最高の〝陽の気〟のあなたに寄ってくることができなくなります。

7つのステップは、邪気がある人からあなたを守る方法です。

それと同時に、あなたが魔法のようにしあわせになれる方法です。

あなたの素晴らしい人生に、邪気なんて全くいりませんよ。似合いませんから（笑）。

「最高に陽気ばっかりの人生でいく！」と、今、この場で大きな声で言っちゃってください！

第 3 章

真っ暗闇でも明かりを見つけてしあわせに！

心が曇ったら《天国言葉ワイパー》を作動！

心配や不安という感情は、人間に生まれ持って備わっている、人間が生き残っていくのに必要であり大切な〝本能〟です。

だから、心配したり不安な気持ちになる自分にダメ出ししなくってもいいんです。

ただ、あまりにも心配や不安になっているときは、あなたの心が、まるで草食動物のようになっている状態です。うさぎの耳は360度すべての方向から音を聞くことができて、危機をいち早くキャッチします。でも、わたしたち人間はそんなに張りつめるほど、いつも危険にさらされてはいないですよね？

それなのに、必要以上にオドオドしたり、心のセンサーが張りつめていると、あなたの心がこわれちゃいます。

ただそれって、あなたの魂に、心配や不安、そういった汚れがどんどんたまっているから、とってもつらくなっているだけなんです。

それはたとえると、車のフロントガラスに汚れがいっぱいくっついて、前が見えなくなっている、そんな状態と似てます。

でも、それじゃ「お先真っ暗」（笑）、怖くって前に進むことができませんね。


じゃあどうしたらいいのか？

その解決法を一人さんが教えてくれました。

「あなたの頭の中に車の汚れたフロントガラスをイメージするんだ。それが今のあなたの魂についている汚れだよ。その汚れを《天国言葉のワイパー》でキレイに取り除けばいいだけだよ」

《天国言葉ワイパー》とは、一人さんが教えてくれた天国言葉の「愛してます」「ツイてる」「うれしい」「楽しい」「感謝してます」「しあわせ」「ありがとう」「ゆるします」。この言葉を言いながら、あなたの心のワイパーを右、左と動かします。できれば本当に、右、左と自分の手をワイパーみたいに動かすとなおいいですよ。

《天国言葉ワイパー》が右、左と動くたびに、あなたのイメージの中の汚れたフロントガラスがどんどんキレイになっていくのを感じてください。最後には、あなたの目の前がパーッと明るく開けて、どこまでも素晴らしい景色が広がっています。

あなたの魂の汚れがなくなり、フロントガラスがキレイになると、あなたに必要なこれから向かう道がわかったり、ヒラメくことがどんどん起きてきます。

本当はあなたが100不安に想っていることのうち、10も起きないそうですよ。でも、もし今あなたに、ちょっぴりでも不安に想うモヤモヤがあったら、《天国言葉ワイパー》で魂のお掃除をしましょう。

ジグザグする人生こそ素晴らしい

「あんなことしなきゃよかった」「あんなふうに考えなきゃよかった」「あっちを選んでおけばよかった」とか。人生はあっちに行ったり、こっちに行ったり。「ああ違う。違う」と方向転換して、さらに「また違う、こっちだよ」というように、来た道を引き返したり。こんなにムダにジグザグしないで、一直線にまっすぐ、しあわせへの道を最短距離でいきたい。誰もがそう想うものです。

でもね、ジグザグしていいんですよ。

「真由美ちゃん、屏風《びょうぶ》ってジグザグしてるだろう。**あっちこっちにジグザグしてるから、しっかり立つんだよ。**まっすぐにしたらパタッて倒れちゃうだろう？　人生って屏風といっしょなんだよ。

あっちこっちってジグザグしてるとムダに想えるんだけど、それが本当は大切なんだよ」

そう一人さんが教えてくれました。すごい目からウロコでした。

わたしたちの人生のジグザグは、1つひとつが、自分にとっての経験になって、自分というものを強くして、しっかりと倒れないようにしてくれる大切なもの。そう想ったら、ジグザグバンザイ！　ジグザグ最高！　ですね。

あなたの魂は、しあわせの道へ導いてくれる羅針盤です。

そこからのサインを見逃さないで、なにか心に浮かんだときは「あっ、ちょっとズレてる」「それよりこっちだ」「やっぱりこっちだ」と、すぐさま方向転換しましょう。ジグザグしながら微調整。それがわたしたちの楽しい人生。

ところで、そのジグザグの先の最終目的地とは、どこかわかりますか？　そうです。最終目的地は、「あなたがしあわせになる」というゴールです。

「人間は、しあわせになるために生まれてきたんだよ」

初めてこの言葉を一人さんから教わったとき、わたしは、本当に涙があふれ出てきました。この涙は、間違いなく魂が喜んでいる涙でした。魂がそのことに気づいてくれたわたしのことを祝福してくれた涙だと、わたしは想っています。

しあわせのゴールに向かうあなたに一人さんからのこの言葉をプレゼントします。

「自分の心を自分が不幸になるために、1秒も使っちゃダメだよ。ホントに1秒もダメだよ」

さあ、決まりましたね。あなたはしあわせにしかなれないんです。

ともに、しあわせに向かってレッツゴーゴー!!

チャンスは億万回！どうせうまくいく

イヤなことが起きることってあります。

だけど、それはどうでもいいんです。気にしないでいいんです。

なぜかって？　一人さんのものすごい名言を発表しますね。


「どうでもいい。どっちでもいい。どうせうまくいくから」


あなたの人生にとって、イヤな人とかイヤな出来事は、あなたにとって必要のないこと。しかも、あなたは、どうせうまくいくんです。

だから「どうでもいい」なんです。

あなたは、どうせうまくいくんだから、いちいち、目の前のことでグラグラ揺れないでいい。迷わないでいい。「どっちでもいい」んです。

それでも、メンタルが、ちょっとシナシナッと弱ることもあります。

そんなときに、あなたのメンタルを強くする、一人さん直伝の〝魔法の呪文〟があります。

「改良千回成功に至る　今が最高　今が最低」

今のあなたは、今までの過去のあなたの経験すべてを積み重ねた頂点にいます。ということは、今あなたが出した知恵も行動も過去最高のものなんです。だから「今が最高」と、自分をホメてあげる。

それと同時に、あなたは明日にはまた〝今日〟という経験値を積んだ自分に進化していています。ということは、**明日には「あなたの最高」は更新されるん**です。ということは、「今が最低」なんです。

あなたが生きている限り、あなたには無限の伸びしろがあるということです。「今が最低」なら、あなたはここから上がるだけしかない！

「改良千回」の「千」は「とんでもない数」という意味です。つまり「改良千回」とは、神さまがあなたがよくなるチャンスを、いくらでもくれているということです。

千回どころか、万回も、億万回もくれているから、あなたはあわてないでだいじょうぶ！

あなたが自分にダメ出しをしたくなったときは、このことを想いだしてください。

「神さまが億万回くれているチャンスのたった1回。たいしたことじゃない。どうでもいい。どっちでもいい。どうせうまくいくから」

あなたくらい神さまから信じられている人はいませんよ。

どんどん「改良千回」しあわせの階段を上っていってください。

八方塞がりで行き場がなくなったら天が空く

八方塞がりなんて聞くと「わぁー！　もうムリムリ！　もう絶対ムリ！」。そんな感じですね。

ところがどっこい、実はこの状況こそ、あなたにとっての大チャンス。めちゃくちゃうれしいですね。

今はまだ、ピンときていないかもしれませんが、あなたも、きっとわたしのように、一人さんのこの話で大納得できますよ。

「八方塞がりになると、たいていみんなあきらめちゃうよね」

と一人さんが話しだしました。

「うん。八方が塞がってるんだよね？　あきらめちゃうよね」

「どうしようこうしようって八方手をつくしたんだよね。だけど、それってわかるかい。神さまからのメッセージなんだよ」

「え？　どういう意味？」

「〝あなたが探した八方には、あなたが今この問題を解決する答えはないですよ〟っていう神さまからのメッセージなんだよ」

「ええー。じゃあどうしたらいいの？」

「八方塞がってると想うだろう。もうどこにも道はないと想うよね。違うんだよ。上を見てごらん。空いてるんだよ」

人って不思議ですよね。一人さんが言う通りに、たしかに、最後には「神さまお助けください」という感じで、天を見上げます。


上を見ると2ついいことがあります。

1つ目は、八方塞がっていると想って、今までジタバタとしていたことの中には答えはない。だけど上には全く違う答えがある。**まだまだ抜け道がある！　しかも、その答えは、もっといい答え。**

そして2つ目のいいこととは、八方塞がったからこそ上を見た。それって、あなたがさらに上のステージに行くチャンス到来ということなんです。

これも、一人さんがいつも言っていることです。

「あなたに解決できない問題は絶対に起こらないよ。神さまって解けない問題を出したり、そんな意地悪しないからさ。だから、必ずあなたなら解決できるんだよ」

一見、解決できないと想うようなことが起きたときは、大チャンス！　あなたのステージがもう1段上がるためのテストです。

「上を見てごらん！」という神さまからの愛のメッセージ、受け取ってくださいね。

イヤな人が消え去る裏ワザ

イヤなことをする人、イヤなことを言う人。そんな人が自分の世界からいなくなったら最高にしあわせですね。キライな人を消すワザをお教えします！

まず、「イヤな人のワナにいちいち引っかからない」。

これが大基本です。

「なんであんなことするの」「どうしてそんなこと言うの」「なにが気に入らないの」とイヤな人のことを考えてること自体が、もうすでにワナにかかっています。

それでも想いだして考えてしまったら、その瞬間こう言ってください。「あぁー、良かった！　あの人の気持ちがわかっちゃったら、わたしも同じイヤな人だった」「わからない自分で良かった！」と。「めでたし、めでたし」と明るく終わらせてください。

続けて、「わたしはあの人と同じことは絶対にしない」と決めてください。さらに、言葉に出して言ってください。
その瞬間に、イヤな気持ちやイヤな人と波動を合わせないで済みます。引きずられなくなります。

さらに、ここからが！《本当にイヤな人の存在自体を消してしまう極意》です。
その方法とは、あなたに起きたイヤなことに対して、こう問いかけてください。

「このことからわたしはなにを学ぶんだろう？」
「わたしは〝あの人と同じことは絶対にしない〟と言った。〝同じこと〟って、なに？」

神さまは、あなたが自分の経験をとおして学び、魂を成長させるために、この世にあなたをご招待してくれました。あなたの魂にいろんなことを学んでほしいから、あなたにいろんなことが起きるんです。

だから、あなたが自分に起きたことから**「そうか、今、これがわたしの学びなんだ」と本当にわかったとき、同じ問題は二度と起きなくなります。**もう学んだからです。あなたの人生にとって、同じ問題は起きる必要がないんです。消えてしまうんです。

学校のテストも、高校生に小学生の問題は出ませんよね。それと同じように、あなたの人生からその問題が消えちゃいます。万が一、その問題が出てきたとしても、もうあなたはその答えを知っています。対処法がわかっているから、イヤな人はもう、あなたの敵ではなくなりますよ。

「本当はどうしたいの？」と自分に問い続ける

「相談があるんですけど……」と言われて、「なになに？」と聞いているると、オモシロイもので、みんなわたしが答える前に、自分で答えを言っているんです。

たとえば、「○○をやめたいんですけど」というお悩み。わかりますか？　もう「やめたい」って答えを言ってます（笑）。ってことは「だったらやめたらいいんじゃないかな」と思いながら聞いています（笑）。

ダレかに相談するのって、自分の中の答えを確認したいんです。

行動に移すための〝覚悟〟や〝踏ん切り〟が欲しいんです。

相談という形で、言葉にしているということは、もう自分の中で正

直になれているタイミングです。そこでもう一歩、誰かに話すことで区切りをつけたいんですね。

だから「どうしたらいいですか？」と聞かれると、わたしは「あなたはどうしたいの？」って聞くようにしています。

たいてい1回目の「どうしたいの？」に対しては、「えー。でも、こうで……ああで……」といろんな言葉が出てきます。

さらに「そっか。で、あなたはどうしたいの？」と、また聞きます。

それをたいてい3回くらいくり返すと、「はい。実はこうしたいんです」と、自分の本当の答えが自分の口から出てきます。

そのときのわたしはニコッと笑って「そうだよね！」って言うだけです。

本当にみなさん、ちゃーんと自分にとってナニが最高の答えかを知っているんです。自分がどうしたいかを知っているんです。

その証拠に、その人の本意じゃない答えをわたしがアドバイスしても、「でもね」「だって」がずっと続くだけですから（笑）。

人はみんな、自分の中に自分が選びたい正解があります。自分がやりたいことがあります。それはどんなスゴイ人のアドバイスよりも、あなたにとって最高の答えです。

周りの人にできるのは、その答えを尊重し、応援してあげること。

だから、あなたも自分に聞いてあげてください。

「あなたは本当はどうしたい？」と。

それは自分への最高の愛ですよ。

あなたの運命のパートナー、ソウルメイトと出愛《であ》う方法

「オレは人の意見を聞くために生まれてきたんじゃない。

オレの意見を言うために生まれてきたんだ」

カッコイイですよね～。わたしの大好きな一人さんの言葉です。

でもこれ、一人さんに限らず、あなたもですよ。


わたしたちは生まれてくるときに神さまと約束しました。

その約束とは、「絶対にしあわせになります」。

あなたにしたら「そんな約束したのかなぁ」って思いますよね？

忘れていて当然なんです。いったんこの地球に来たら、忘れるのが神さまと決めたルールですから。まあそのことは議論するより、あなたが天国に戻ったらわかりますよ（笑）。

神さまと約束したということは、約束は守らなくてはいけませんから、あなたはしあわせにならなければいけません。

しあわせになるというのは、〝**自分らしく生きてしあわせになる**〟ということです。人の意見を聞きまくりながら、人に依存しながら、人の顔色をうかがい続けながら、しあわせになることは絶対ありません。

あなたのまるごと全部、そのままでいいんです。神さまがくれた顔も身体も、性格も、好きなこともニガテなことも、「このままの自分でしあわせになります」と約束して、今世、この地球に生まれてきたんですから。

だから、パートナーシップに関しても、そのままの自分でいられる人がいいですよね。

心配しないでだいじょうぶですよ。**あせったりあわてたりしなくても、ご縁がある人とは絶対に出愛《であ》います。**あなたのすることはたった

1つ。そのままの自分を大切にしてください。

そうすると、ダメなところもいっぱいあるし、ケンカしたり、いろんなことがあるかもしれない。

それでも、おたがいに「それもいいよ」「そのままでいいよ」と言える人。おたがいがいつも自由で、自分らしくしていられる人。この人といると楽しいし、いっしょにいたいという人。

そんな人に必ず出愛《であ》えます。

だから、この人は「わたしの運命のパートナーかしら」とか「前世からのソウルメイトかな」なんてジロジロ観察しなくてもだいじょうぶですよ（笑）。そんなことよりも、「この人といると、なんて楽しいんだろう」「いろんなことが学べて楽しい」「いっしょにいる時間が最高」、そしてなにより「わたしらしくいられてしあわせだ」、そういう気分を純粋にあなたが感じているかを、大切にしてください。

第3章
真っ暗闇でも明かりを見つけてしあわせに！

おうちランウェイで「わたしは○○になります」宣言

「〝なりたい自分〟を10個、書いてください」と言われても書けない方がいます。

そんな方におススメなのが「〝なりたくない自分〟〝絶対にイヤなもの〟を10個、書いてみてください」です。そうすると、スラスラと出てくる出てくる（笑）。貧乏、病気、老い、不幸、中には10個以上書き出す方もいます。

次に、そのあなたの書いた〝なりたくない自分〟〝絶対にイヤなもの〟の10個の中から、本当にイヤなものを3つだけ選んでください。

選べましたか？

では最後に、その3つから1つだけ、選んでください。OKですか？

最後まで残ったのはなんでしたか？

ここに〝あなたがなりたい自分〟がかくれているんです。

たとえば「病気になりたくない」だとしたら、その真逆が〝なりたい自分〟です。

では、なりたい自分に変換！　すると「いつも健康で元気な自分でいたい」となります。

これってオモシロイんです。「えー！　わたしって、本当はこんな望みがあるんだ」と気づけます。この〝なりたくない自分〟から、本当のあなたの願いにたどりつけます。

実際に、ある人は、ずっと「結婚したい」とわたしに話していました。ところが、これをやってみたところ、最後に残った〝絶対にイヤなもの〟は「ご飯を食べられないこと」でした（笑）。つまり「おいしいものを食べられる人生」を望んでいると気づいたそうです。

ご本人は、「だからわたし、お腹がすくとものすごい元気なくなるんですね」と笑っていました。

それ以来、結婚したいということには固執しなくなったそうですよ。

本当の望みや好きなことを知ると、自分がとっても自由でラクになるんです。

ここで最後のしあげです。

あなたの〝なりたい自分〟がわかったら、ぜひ声に出して宣言してください。

「いつも健康で元気な自分でいきます！」

「おいしいものを食べられる人生を生きる！」

「わたしは◯◯になります！」

ポイントは**「なります」「やります」というように言いきる**こと。

それも願いが叶う大切なポイントです。

前にわたしはこのワークを全国の講演会でやっていました。そのときは、会議室に赤い敷物でランウェイをつくって、そこをひとりずつ歩いてお立ち台のうえで〝なりたい自分〟を大声で宣言してました。めちゃくちゃ盛り上がりましたよ。

あなたも、おうちの中で、カーペットのランウェイを歩いて、クッションのステージで（笑）、声に出して宣言してみてくださいね。

言葉のエネルギーがみなぎってくるのがわかります。

それこそがあなたが〝なりたい自分〟になる波動ですよ！

どんなピンチもだいじょうぶ！天《あめ》之《の》御《み》中《なか》主《ぬし》様がお助けくださいます

天之御中主様とは、この宇宙全部を創った宇宙の根源、創造主さまです。宇宙の中心にいる神さまです。宗教によって、ヤハウェとかアッラーの神さまとか、いろんな言い方をします。日本では天之御中主様とお呼びしています。

あなたもわたしも天之御中主様が創造したものです。

天之御中主様が、手塩にかけて創り上げたかわいい子がわたしたち人間です。だから、**わたしたちがなにか困ったり、悩んだり、どうしたらいいかわからないときには、わたしたちの創造主さまに「お助けください」とお願いすればいい**んです。

この宇宙の創造主さまですから、わたしたちのお願いなんて、たちどころにピュッと叶えちゃいますよ。

一人さんが、神さまにお願いする方法を教えてくれました。

それはこのご神言です。

「天之御中主様《あめのみなかぬし》、お助けいただきましてありがとうございます」

どうしてお願いごとをするときに、まずお礼を言わなきゃいけないんだろう、と思いますよね。

神さまには、現在・過去・未来が全くありません。しかも、感謝は神さまに一番近い、最高のエネルギーです。

だから、「お助けいただきましてありがとうございます」とお礼まで言ってしまうと、それを聞いた神さまは「助かってお礼まで言ってくれてるんだ。あれ？　まだ困ってるっておかしいね。ごめんごめん。すぐ助けるよ」となって、あっと言う間にあなたの現実を変えてくれちゃうんです。

第3章

真っ暗闇でも明かりを見つけてしあわせに！

自分でいろんなことをガンバっても、悩んだり、苦しんだりすることが人生ではあります。

「もうこれ以上はガンバれない」「どうしたらいいかわからない」そんなときは、天にいるあなたを創造してくださった神さまにお願いしましょう。

「天之御中主様《あめのみなかぬしさま》、お助けいただきましてありがとうございます」と言って、あなたのお願いを神さまにお預けして、そこからあなたに届く最高のいい〝神はからい〟を信じましょう。

本当に「信じるものは救われる」。神さまはあなたのことをいつも愛していますよ。

脱・お金と仕事とガマンの周波数

本章のラストは、みなさんからお悩みとして多い、〝お金と仕事〟について大切なお話をお届けします。

あるとき一人さんから、

「お金を貯めるのはいいんだけど、老後、病気になったり入院したり、なにか困ったときのためとか想って、貯金してないかい」

そう聞かれました。

「えっ！　そういうの、いけないの？」と質問すると、

「そりゃそうだよ。だってそんなこと想って貯金してたら、叶っちゃってその通りにお金を使うことになっちゃうよ（笑）」

と言われて、ものすごく納得したことを覚えています。

豊かにお金が入ってくる波動とそうじゃない波動があるように、お

金が豊かに貯まる波動とそうでない波動があるんです。

心配や不安な気持ちを埋めるためにお金を貯める。起きるかわからない自分の不幸を想像してお金を貯める。こういうマイナスな気持ちからお金を貯めていると、同じ波動を引き寄せます。つまり、叶っちゃうんです。あなたが想い描いたその通りの形でお金が出ていきます。

それなら今日からは「こういう楽しいことをするために貯める」というように、〝豊かな気持ち〟〝楽しい気持ち〟〝しあわせな気持ち〟で貯めましょう！

そうすると、あなたの貯めたお金が、さらに豊かになることや、さらにワクワク楽しくなることや、さらにしあわせになることを引き寄せてくれます。

「ガマンから生まれるのは恨みだけだよ」

これも一人さんが教えてくれた大切なことです。

お金が入ってくる、お仕事をして報酬を得る。それには「仕事＝ガマン」で〝ガマン〟はセットなんだ。もしかして、そんなふうに思っていたりしませんか？　これは〝ガマンの波動〟です。いい波動とは言えませんね。これを〝ガマンしない波動〟に変えましょう。

働くという言葉は「ハタがラクになる」という意味からきています。「はた」とは自分の周りの人、自分が働くと周りの人の役に立ってラクになる。それが〝働く〟ということです。

あなたが「仕事＝ツライ＝ガマンが必要」という想いで働いていたら、そのガマンのエネルギーがみんなにも届いちゃいますから、ハタがラクじゃなくなっちゃいます。それどころか〝ハタがツライ〟になっちゃいますよ（笑）。

それに当然ながら「ガマン」と想って働いていると、それで得たお金も〝ガマンのカタマリ〟になっちゃいます。せっかくの豊かさの象徴であるお金が、豊かさとは全く違う波動になってしまいます。

「仕事はガマン」ではありません。「仕事は楽しい」です。あなたの波動を「仕事は楽しい」に、まずは言葉からでもいいので、切り替えましょう。

わたしが目指すのはやっぱり一人さんです。

一人さんは、日本で一番のしあわせな大商人で大富豪です。とんでもないお金持ちの一人さんは、こう言ってます。

「仕事ってさ、最高に楽しいよね。勉強になって、周りの人に喜ばれて、お金までいただけるんだよ。こんなにありがたいことないよ。絶対オレはこんなにしあわせなことやめないよ」

最高にカッコイイです！

「仕事は楽しい」。あなたも、豊かなお金の入る波動にピタッと合わせていきましょう。38ページにも書きましたが、「お金はあなたの波動に敏感なイキモノ」です。あなたの出す波動を大切にしましょう。

第4章

上気元になって波動が上がる言葉

宮本真由美の声のメッセージが聴ける！

音声ファイルの再生について
※MP3形式の音声ファイルです。PCやスマートフォン上でMP3ファイルを再生できる環境が必要です。
※音声フォルダは圧縮されています。解凍したうえでご利用ください（保存・解凍方法等については個別案内できません）。
※ダウンロードにかかる通信料は、お客様のご負担となります。

本章では、わたしが今までに、一人さんから教えてもらったたくさんのステキな言葉の中から厳選した、すごく波動が上がる言葉をお伝えします。ちなみに波動って、頭で考えるよりも五感で感じてもらったほうが早いし、強く残ります。

だから1つひとつの言葉に対してわたしの短いメッセージに加え、スマートフォンからQRコードを読み取って、わたしの音声も聴いてもらえるようにしました。

さらにはちまたで「見るだけで波動が上がる?!」(笑)と評判のわたしのイラストをそれぞれの言葉におつけしています。

これで、見るだけで波動が上がり、そして読んでもっと波動が上がり、さらには聴いて波動を上げてもらうことができますよ。

お楽しみくださいね♪

第 4 章

上気元になって波動が上がる言葉

「習慣が人をつくる」といいます。良い習慣を身につけることは、成功の近道です。言葉が持つ〝言霊〟のパワーに加えて習慣の力が加われば、もう鬼に金棒。あなたはいつも良い波動に包まれて、不幸は寄りつくことができなくなりますよ。

うまくいかないなあ、と感じるときってあります。そんなとき、「このことから何を学ぶんだろう？」と自分の魂と向き合ってあげましょう。どんなときも波動を下げないようにここで紹介する言葉でスパッと切り替えましょう！

あなたのしあわせは無限大です！　あなたがいい言葉を口にすればするほど想像を超える世界が広がります。もっとしあわせで、もっと楽しい、すごい自分に会いに行きましょう!!

習慣にしたい波動が上がる言葉

感謝してます

この言葉は、わたしたち一人さん仲間の共通の〝あいさつ語〟です。最初の頃はこの「感謝してます」を言うと驚かれたりもしました。でも、今はみんなニコニコと「感謝してます」と、普通にあいさつに使っています。

「はじめに言葉ありき」――そう言われますよね。言葉は〝言霊《ことだま》〟。魂が宿っています。

その中でも「感謝してます」という言葉は最高のエネルギーを持つ言葉です。あなたの口から飛び出す〝パワースポット〟です。あなたの「感謝してます」というこの言葉から、あなた自身、周りの人、世の中の人、天の神さまに、すべての愛と光のエネルギーが届きますよ！

第 4 章

上気元になって波動が上がる言葉

宮本真由美の声でメッセージを
聴くことができます！

※スマートフォンでQRコードを読み取ると、
音声メッセージをダウンロードできます。

習慣にしたい波動が上がる言葉

今日はいい日だ。絶好調！

「今日〝は〟いい日だ」なんです。

「今日〝も〟いい日だ」じゃないんです。

昨日までの経験を持ったあなたが踏みだす、最高の新しい1日。毎日が新しいスタートです。だから「今日〝は〟いい日だ」なんです。


今までのどんな日よりもいい日。

あなたが人生で一番若いのも今日ですよね。そして、一番経験を積んでいるのも今日です。だから、「今日〝は〟いい日だ」なんです。

今までのどんな日とも比べられない、いい日なんです。


だから、絶好調。絶好調に決まってます！

この言葉で、あなたのいい1日が始まりますよ。

第 4 章
上気元になって波動が上がる言葉

宮本真由美の声でメッセージを
聴くことができます！

※スマートフォンでQRコードを読み取ると、
音声メッセージをダウンロードできます。

習慣にしたい波動が上がる言葉

ツイてる

わたしが知る限り、この世で一番最強にツイてる人は、お師匠さまの斎藤一人さん。その一人さんから教わった魔法の言葉です。

一人さんには「〝ツイてる〟って言いな。そうするとツイてる人になる。ツイてることしか起きないんだよ」って教わりました。

「ツイてる」を口ぐせにしている一人さんを見ていたら、もう一目瞭然。「言わなきゃ損ソン」っていう感じです。

言葉は〝やまびこ〟です。自分が出したものが大きくなって戻ってきます。

「ツイてる」って言うと、「ツイてる、ツイてる」って戻ってきます。「ツイてる、ツイてる」って言うと、今度は「ツイてる、ツイてる、ツイてる、ツイてる」というように、倍倍になって返ってきます。

今日からあなたはツイてることのオンパレードになりますよ。

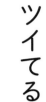

第 4 章

上気元になって波動が上がる言葉

宮本真由美の声でメッセージを
聴くことができます！

※スマートフォンでQRコードを読み取ると、
音声メッセージをダウンロードできます。

習慣にしたい波動が上がる言葉

一寸先は光

真っ暗な道や、霧の深い道。そんなところで車を運転するコツを一人さんが教えてくれました。

「ちょっと先を見て、慌てないで運転すればいいんだよ。それって、人生といっしょなんだよ」って。

人はどんなに真っ暗なところでも一寸先の光があれば必ず歩いていけるんです。

必ず目指しているところにゴールできるんです。

大切なのは、今、出しているあなたの足もとの、その一歩。

その一歩があなたのステキな未来につながってますよ。

あなたの一寸先の光を信じて進んでいきましょう！

第 4 章

上気元になって波動が上がる言葉

宮本真由美の声でメッセージを
聴くことができます！

※スマートフォンでQRコードを読み取ると、
音声メッセージをダウンロードできます。

習慣にしたい波動が上がる言葉

明るく！　明るく！　もっと明るく！

一人さんが突然、こんなことを言ったんです。

「真由美ちゃん、どういう人が天国に行けるか、わかる？」

真面目な人とか、立派な人とか、そういう人のことが浮かびました。

それを伝えると、「違うよ。明るい人だよ。想像してみな。くら〜い人がいたら、そこはもう、もはや地獄だよ」と笑われてしまいました。

明るいというのは「かる〜い、かる〜い、あっかる〜い」です。だから、あなたが今いるところを、今のあなた自身を明るくすると、この地球はたちまち天国なんです。

あなたはこの地球を天国にするために生まれてきました。天国のように生きるために生まれてきました。

「明るく！　明るく！　もっと明るく！」

あっかる〜くいきましょう！

第 4 章
上気元になって波動が上がる言葉

宮本真由美の声でメッセージを
聴くことができます！

※スマートフォンでQRコードを読み取ると、
音声メッセージをダウンロードできます。

落ち込んだときに波動が上がる言葉

自分をゆるします

人にはやらないことを自分には平気でやっちゃう人がいらっしゃいますね。いい人ほどそうだったりします。

失敗した人に「だいじょうぶだよ」って優しい声をかけられるのに、自分には「ああ、わたしってダメね」と責めてみたり。そういう人って、人には「あなたってダメね」なんて絶対に言いません！

自分のために一番がんばってくれているのは自分です。いじめちゃダメですよ。

まずは、自分を大切にすること。責めたり、いじめたりしたら、すぐにその自分をゆるしてあげること。

だってね、誰かとケンカしたまま、しあわせにはなれません。

自分と仲良くすることが、一番のしあわせへの近道です。

第 4 章

上気元になって波動が上がる言葉

宮本真由美の声でメッセージを
聴くことができます！

※スマートフォンでQRコードを読み取ると、
音声メッセージをダウンロードできます。

落ち込んだときに波動が上がる言葉

このことがダイヤモンドに変わります

この世の中には、悪口を言う人もいます。言うだけではなく、イヤなことをする人もいます。あなたみたいにいい人に、そんなことがなんで起きるんでしょうか？

これは、神さまのチャンスタイム。神さまのプレゼントなんです。レモンはそのままではすっぱくて食べにくいです。でも、レモネードにしたり、お料理に使ったら最高に美味しいですよね。

おんなじなんです。

あなたならこの悪口も、イヤなことも、素晴らしいダイヤモンドに変えられる。そう神さまがあなたを信じているから、それが起きたんです。

あなたにはダイヤモンドがお似合いです。

たくさん受け取ってくださいね。

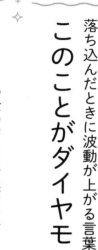

第 4 章

上気元になって波動が上がる言葉

宮本真由美の声でメッセージを
聴くことができます！

※スマートフォンでQRコードを読み取ると、
音声メッセージをダウンロードできます。

落ち込んだときに波動が上がる言葉

ますますおもしろくなってきたなぁ

一人さんはどんなピンチもチャンスに変えちゃう大・大・大天才です。そのキーワードがこの言葉。本当に魔法の言葉です。

あるとき、一人さんに、わたしたちからしたら大問題みたいなトラブルの連絡があったんです。その電話を切ったあと、一人さんが言ったのが、「ますますおもしろくなってきたなぁ」だったんです。

すると不思議なことに、その問題はほんの数時間で解決して、さらにそのことが、一人さんにとってうんといいことに変わりました

ピンチのときに、しかめっ面をして不平不満を言っても、良くはなりません。それよりも笑顔で「ますますおもしろくなってきたなぁ」ですよ。ピンチをチャンスに、どんどん変えていきましょう。

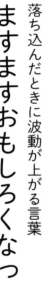

第 4 章
上気元になって波動が上がる言葉

宮本真由美の声でメッセージを
聴くことができます！

※スマートフォンでQRコードを読み取ると、
音声メッセージをダウンロードできます。

落ち込んだときに波動が上がる言葉

これでよくなる！ だからよくなる！ さらによくなる！

悪いことが起きると、「これがなければ……」「これのせいで……」なんて思って、つい下を向いたり、暗い顔をすることだってあるでしょう。でも、そうしていたら、どうなるか？

周りにあるチャンスの光が見えなくなっちゃいます。

本当は、あなたの周りはいつもチャンスにあふれているんです。

そもそも、その起きた悪いことは〝悪いこと〟じゃないんですよ。あなたが次のステキなステージに上がる〝ステップ〟です。あなたは、これで良くなるんです。

あなたの脳がそう切り替わると、さらに、本当に、良くなります。

あなたに起きたことをすべてチャンスにしてくださいね。チャンスというダイヤモンドにね。あなたには間違いなくその力があります。

第 4 章

上気元になって波動が上がる言葉

宮本真由美の声でメッセージを
聴くことができます！

※スマートフォンでQRコードを読み取ると、
音声メッセージをダウンロードできます。

落ち込んだときに波動が上がる言葉

なんとかなる！ なんとかなる！ 絶対なんとかなる！

今、あなたがここに存在するのは、これまでいろいろなことがあってもなんとかなってきたからです。

そうなんです。そもそもあなたは素晴らしい、何があってもなんとかなる存在なんです。

あなたはこの世にたった1人の、唯一無二の、なんとかなる素晴らしい存在。

人生はワクワク楽しい冒険の旅です。

自分のことを今までも、いつも、これからも「なんとかなる」と信じているあなたは、絶対にしあわせの道しかありません。

あなたは絶対、なんとかなる。

あなたのステキな冒険の旅を、うんと楽しんでくださいね。

第 4 章
上気元になって波動が上がる言葉

宮本真由美の声でメッセージを
聴くことができます！

※スマートフォンでQRコードを読み取ると、
音声メッセージをダウンロードできます。

すべての良きことが雪崩のごとく起きます

一人さんから教わることはいつも小気味がよくて、スカッとして、とっても気前のいいことばっかりです。その中でも本当に感動したのは、この言葉。

「真由美ちゃん、どうせしあわせを願うなら、ケチケチしちゃダメだよ。神さまってね、めっちゃくちゃ気前がいいんだよ。だって、この世の中にあるものすべて、俺たち人間に創ってくれたんだよ。だから、俺たちも神さまに届ける言葉は気前良く言うんだよ」

いいですよねぇ。「いいことが起きます」なんていうのでは、これじゃあまだまだ気前良さが足りない（笑）。

「すべての良きことが雪崩のごとく起きます」

いいですねぇ。もう、最高に気前いいです。遠慮せず、いいことも、しあわせも気前よく、雪崩のごとく、たくさん起こしまくりましょう！

第 4 章

上気元になって波動が上がる言葉

宮本真由美の声でメッセージを
聴くことができます！

※スマートフォンでQRコードを読み取ると、
音声メッセージをダウンロードできます。

もっとよくなる波動が上がる言葉

やってやれないことはない。やらずにできるわけがない

一人さんの教えはどれもこれもすぐにできることばっかりです。

「いいこと聞いたらすぐ実行。ほんとにすぐだぜ」

本当にその通り。一人さんくらい、ひらめいてから行動までのスピードがすごい人はいません。一人さんは、こうも言います。

「成功する人ってとにかくスピードがあるんだよ。やるのも早いし、ダメとわかったらやめるのも早い。次を始めるのも早いんだよ。だから成功するんだよ。で、遅い人はやるのも遅いし、ダメとわかってやめるのも遅い。次に始めるのも遅くなるの」

そうなんです。人生ムダにして後悔するより、やっていこう！

一歩出す、一歩足を出すための魔法の言葉。

「やってやれないことはない。やらずにできるわけがない」

行動の星の、波にのる言葉。どんどん行動していきましょう。

第 4 章
上気元になって波動が上がる言葉

宮本真由美の声でメッセージを
聴くことができます！

※スマートフォンでQRコードを読み取ると、
音声メッセージをダウンロードできます。

もっとよくなる波動が上がる言葉

私の人生は成功か大成功しかない

「成功」という字を虫メガネで見てください。じ〜っと見てください。小さい「失敗」という字が集まって、「成功」という字になってます。ウソです（笑）。

これを一人さんから最初に聞いたとき、わたしは危うくダマされそうになりました。

でも本当に、一人さんを見ていると、失敗って失敗じゃないなって心から思います。大切なのは、そのことから何を学ぶのか。何を経験したのか。そのことがわかっていると、本当に自分に起きることは、「成功」か「大成功」しかありません。

神さまはいつもあなたに問いかけてますよ。

「今は失敗に見えるこれを、お前は成功にできるかい？」

そうなんです。楽しく笑って大成功していきましょう！

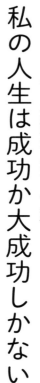

第 4 章

上気元になって波動が上がる言葉

宮本真由美の声でメッセージを
聴くことができます！

※スマートフォンでQRコードを読み取ると、
音声メッセージをダウンロードできます。

もっとよくなる波動が上がる言葉

だんだんよくなる。未来は明るい

魅力がある人は、お金も、ステキな人間関係も、健康な体も、素晴らしいチャンスも、ツキも、運気も、どれもこれも全部が雪崩のごとく集まってきます。その魅力をつける簡単な方法が、この言葉です。

「だんだんよくなる。未来は明るい」

声に出して言い続けるとわかりますよ。どんどん楽しくって、ウキウキして、ワクワクして、最高！　そんな気分になります。

その気分こそが、しあわせの波動です。

しあわせの波動はあなた自身のオーラとなり、あなたにしあわせを引き寄せる磁石になります。

「だんだんよくなる。未来は明るい」

この言葉を言っている人にだけ起きる奇跡を、た〜くさん受け取ってくださいね。

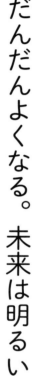

第 4 章

上気元になって波動が上がる言葉

宮本真由美の声でメッセージを
聴くことができます！

※スマートフォンでQRコードを読み取ると、
音声メッセージをダウンロードできます。

もっとよくなる波動が上がる言葉

我は神なり、愛と光なり

これだけは絶対に忘れないでくださいね。絶対に信じてくださいね。

あなたはしあわせになるために生まれてきた。いつ、どんなときも、何があっても、この世界にしあわせになるために生まれてきたんです。

そして、あなたはこの世にたった一人の素晴らしい存在。手の指紋、鼻の形、目の大きさ、背の高さ、どこをとっても誰とも違う、この世にたった1人の、神さまの最高傑作なんです。

あなたがしあわせになるためのものを、神さまはすべてあなたに装備してくれています。そのままのあなたで、今を楽しんでください。今を喜んでください。今を笑ってください。

あなたはこの世に存在する、神さまの分身です。

「我は神なり、愛と光なり」

この言葉で、いつでもあなたに最高のパワーが充電されますよ。

第 4 章

上気元になって波動が上がる言葉

宮本真由美の声でメッセージを
聴くことができます！

※スマートフォンで QR コードを読み取ると、
音声メッセージをダウンロードできます。

おわりに

まずは、この世の中にあるたくさんの本の中から、この本を見つけてくださって、ありがとうございます。

そして、ここまで読んでくださって、ありがとうございます。

でも、これこそが〝あなたから出ている陽気な波動の引き寄せ〟そのものです。そうでなければ、この出愛《であい》はありませんから！

わたしは一人さんと出愛《であ》ってから、たくさんのことを教えてもらっています。しあわせになる方法、成功する方法、豊かになる方法。どれもがわたしでもできる簡単なことばかり。それなのに効果は絶大！

こんなものすごいことを、世界中の人に知ってもらいたい！　という想いでＹｏｕＴｕｂｅを始めました。「見てくださっている方に、一人さんからわたしが愛と光いっぱいに教わった１つひとつのことを、動画からそのまま届けよう！」という想いを込めてやっています。

神さまっていますね！

そうしたら、たくさんの方が応援してくださって、YouTubeの登録者さんが11万人を超え、わたしが一番ビックリしています（笑）。

さらに、「YouTubeのお話をもとに本を出しませんか？」とご依頼をいただいたときは、さらに本当にビックリでした。

でもわかりますか？　そうです！　すべてはつながっているんです！　だから、あなたがこの本を手に取ったときから、もう始まっているんです！　あなたの最高に陽気な素晴らしい人生のトビラは開きました！　たのしんでください！　よろこんでください！　わくわくしてください！　そして最高にしあわせになってください！

あなたならなんとかなる！　なんとかなる！

絶対なんとかなる‼

出愛《であ》ってくれたあなたに心から愛と感謝と笑顔を込めて

宮本真由美

雄大な北の大地で
「ひとりさん観音」に出会えます

北海道河東郡上士幌町上士幌

ひとりさん観音《かんのん》

柴村恵美子さん（斎藤一人さんの弟子）が、生まれ故郷である北海道・上士幌町《かみしほろちょう》の丘に建立《こんりゅう》した、一人さんそっくりの美しい観音様。夜になると、一人さんが寄付した照明で観音様がオレンジ色にライトアップされ、昼間とはまた違った幻想的な姿になります。

記念碑

ひとりさん観音の建立から23年目に、白光の剣《つるぎ》(※)とともに建立された「大丈夫」記念碑。一人さんの愛の波動が込められており、訪れる人の心を軽くしてくれます。

(※) 千葉県香取市にある「香取神宮」の御祭神・経津主大神《ふつぬしのおおかみ》の剣。闇を払い、明るい未来を切り拓く剣とされている。

「ひとりさん観音」にお参りをすると、願い事が叶うと評判です。そのときのあなたに必要な、一人さんのメッセージカードも引けますよ。

そのほかの一人さんスポット

ついてる鳥居：最上三十三観音 第2番 山寺（宝珠山千手院《ほうじゅさんせんじゅいん》）

山形県山形市大字山寺4753　電話：023-695-2845

※2024年3月現在の情報です

一人さんがすばらしい波動を入れてくださった絵が、宮城県の定義如来西方寺《じょうぎにょらいさいほうじ》に飾られています。

宮城県仙台市青葉区大倉字上下１　Kids' Space　龍の間

勢至菩薩《せいしぼさつ》様はみっちゃん先生のイメージ

聡明に物事を判断し、冷静に考える力、智慧と優しさのイメージです。寄り添う龍は、「緑龍」になります。地球に根を張る樹木のように、その地を守り、成長、発展を手助けしてくれる龍のイメージで描かれています。

阿弥陀如来《あみだにょらい》様は一人さんのイメージ

海のようにすべてを受け入れる深い愛と、すべてを浄化して癒やすというイメージです。また、阿弥陀様は海を渡られて来たということでこのような絵になりました。寄り添う龍は、豊かさを運んでくださる「八大龍王様」です。

観音《かんのん》音菩薩《ぼさつ》様ははなゑさんののイメージ

慈悲深く力強くもある優しい愛で人々を救ってくださるイメージです。寄り添う龍は、あふれる愛と生きる力強さ、エネルギーのある「桃龍」になります。愛を与える力、誕生、感謝の心を運んでくれる龍です。

※ 2024 年 3 月現在の情報です

斎藤一人さんとお弟子さんなどのウェブ

☼ 斎藤一人さんオフィシャルブログ
https://ameblo.jp/saitou-hitori-official/

一人さんが毎日あなたのために、ツイてる言葉を、
日替わりで載せてくれています。ぜひ、遊びにきてくださいね。

☼ 斎藤一人さん X（旧 Twitter）
https://twitter.com/HitoriSaito?ref_src=twsrc%5Egoogle%7Ctwcamp%5Eserp%7Ctwgr%5Eauthor

上の URL からアクセスできます。ぜひフォローしてください。

柴村恵美子さんのブログ	https://ameblo.jp/tuiteru-emiko/
ホームページ	https://emikoshibamura.ai/
舛岡はなゑさんの	
公式ホームページ	https://masuokahanae.com/
YouTube	https://www.youtube.com/c/ ますおかはなゑ 4900
インスタグラム	https://www.instagram.com/masuoka_hanae/
みっちゃん先生のブログ	https://ameblo.jp/genbu-m4900/
インスタグラム	https://www.instagram.com/mitsuchiyan_4900/?hl=ja
宮本真由美さんの	
公式ホームページ	https://lovelymayumi.info/
YouTube	https://www.youtube.com/@mayuminonantokanaru
ブログ	https://ameblo.jp/mm4900/
千葉純一さんのブログ	https://ameblo.jp/chiba4900/
遠藤忠夫さんのブログ	https://ameblo.jp/ukon-azuki/
宇野信行さんのブログ	https://ameblo.jp/nobuyuki4499/
尾形幸弘さんのブログ	https://ameblo.jp/mukarayu-ogata/
鈴木達矢さんの YouTube	https://www.youtube.com/channel/UClhvQ3nqqDsXYsOcKfYRvKw

※ 2024 年 3 月現在の情報です

本文イラスト：宮本真由美
ブックデザイン：白畠かおり
カバーイラスト：坂木浩子
DTP：キャップス
校正：麦秋アートセンター
編集協力：深谷恵美・竹下祐治

宮本真由美（みやもと まゆみ）

実業家。生涯累計納税額日本一、銀座まるかんの創設者・斎藤一人氏の 10 人の直弟子のひとり。外資系生命保険会社に勤めているときに一人氏と出会い、生き方や考え方など様々な教えを受け、実業家として成功。現在、セミナー、講演、ホンマルラジオ「まゆみのなんとかなる♡ラジオチャンネル！」などでも活躍中。 YouTube「まゆみのなんとかなるチャンネル」はチャンネル登録者数 11 万人突破。『斎藤一人 AI 時代が来ても「絶対必要な人」になる方法』（KADOKAWA）など著書多数。

斎藤一人《さいとうひとり》　邪気《じゃき》を陽気《ようき》に変《か》える魔法《まほう》の言葉《ことば》

2024 年 3 月 28 日　初版発行

著者／宮本真由美《みやもとまゆみ》

発行者／山下直久

発行／株式会社 KADOKAWA

〒102-8177　東京都千代田区富士見 2-13-3

電話 0570-002-301（ナビダイヤル）

印刷所／ TOPPAN株式会社

製本所／ TOPPAN株式会社

●お問い合わせ

https://www.kadokawa.co.jp/（「お問い合わせ」へお進みください）

※内容によっては、お答えできない場合があります。

※サポートは日本国内のみとさせていただきます。

※ Japanese text only

定価はカバーに表示してあります。

ISBN978-4-04-606763-0　C0095